UWE BUERMANN

«Techno, Internet, Cyberspace»

Jugend und Medien heute.
Zum Verhältnis von
Mensch und Maschine

VERLAG FREIES GEISTESLEBEN

ISBN 3-7725-1248-8
1. Auflage 1998
Verlag Freies Geistesleben
Landhausstraße 82, 70190 Stutrgart
© 1998 Verlag Freies Geistesleben & Urachhaus GmbH, Stuttgart
Nach den Regeln der neuen Rechtschreibung
Umschlaggestaltung: Thomas Neuerer, Fotos: © 1997 Patrick Lüthy
Druck: Clausen & Bosse, Leck

Inhalt

Teil II
Weiterführende Gesichtspunkte

Vorwort

In diesem Buch geht es darum, Zeiterscheinungen wie die Techno-bewegung und die Begeisterung für die neuen Computermedien zu verstehen und kritisch zu betrachten.

Um zu einem wirklichen Verständnis zu kommen, ist es notwendig, von den Phänomenen auszugehen, bevor man zu einem Urteil kommt. Ich habe mich bemüht, diesen Weg konsequent zu verfolgen.

Am Ende der meisten Kapitel befinden sich «Versuche einer geisteswissenschaftlichen Betrachtung». Das Anliegen dieser Abschnitte ist es, unter Zuhilfenahme der Anthroposophie zu einem tieferen Verständnis durchzudringen, das die Kräfte offenbart, die in den Phänomenen sichtbar werden.

Die Entwicklung der Computermedien ist in vollem Gange, insofern kann dieses Buch nur eine Bestandsaufnahme der momentanen Situation (Herbst 1997) bieten, denn man muss in diesem Bereich durchaus mit Überraschungen rechnen, die jetzt noch nicht absehbar sind. Umso wichtiger ist es, dass immer mehr Menschen die Entwicklung *wach* verfolgen, um nicht von ihr überrannt zu werden.

Ich möchte an dieser Stelle all jenen danken, die mir bei dieser Arbeit mit Rat und Tat zur Seite standen. Namentlich möchte ich Herrn Dr. Heinz Zimmermann, Mario Betti und Christiane Geerdts erwähnen, ohne die dieses Buch nicht zustande gekommen wäre.

Uwe Buermann   *Stuttgart im Oktober 1997*

Teil I
Die Phänomene und ihre Hintergründe

Einführung zum Thema Medien

In den nachfolgenden Kapiteln tauchen immer wieder, direkt oder indirekt, verschiedene Medien auf (z.B. Tonträger, Videos usw.). In einigen Gesprächen hat sich gezeigt, dass sehr verschiedene Auffassungen darüber existieren, was Medien sind. Deshalb stelle ich dieses Kapitel voran, um klarzustellen, wie hier die Begriffe «Medien» und «Neue Medien» zu verstehen sind.

Was sind Medien?

Medien sind grundsätzlich Vermittler zwischen zwei (oder mehreren) Wesen. Sie sind dabei nicht auf das Menschenreich beschränkt. Auch bei den Tieren kann man Medien finden. Dies soll an einigen Beispielen verdeutlicht werden:

Die Bewegungen des Schwanzes einer Löwin bei der Jagd sind Signale, mit denen sie ihre Wahrnehmungen an ihre Rudelmitglieder vermittelt. Die Rudelmitglieder verstehen diese Signale und richten ihr Verhalten danach ein. Dies ist ein Beispiel für Gesten, die als Medien dienen.

Tiere, die ein Revier beanspruchen, markieren dessen Grenzen (häufig durch Duftstoffe); durch diese Markierungen vermitteln sie anderen Tieren der gleichen Art eine Botschaft, sie sind also ein Medium.

Verschiedene Tiere geben auch Laute von sich, mit denen sie untereinander kommunizieren. Diese Laute sind ein Medium für Empfindungen.

Das Medium, also der Vermittler, ist immer von anderer Art als das zu Vermittelnde. So habe ich zum Beispiel einen Gedanken, den ich anderen Menschen mitteilen möchte. Der Gedanke ist nicht substanziell und existiert nur in meinem Geiste. Um ihn einem anderen Menschen mitzuteilen, der im gleichen Raum ist, muss ich ihn in die Substanzialität bringen, hierfür bediene ich mich der Sprache. Die Sprache wird damit zum Medium meiner Gedanken. Damit der andere Mensch daraus meine Gedanken erkennen kann, muss er die gleiche Sprache sprechen und das Gehörte in Gedanken übersetzen. Dies ist ein Beispiel für ein einfaches Medium. Das Ganze kann sich aber sehr schnell steigern. Wenn der andere nicht meine Sprache spricht, brauchen wir schon ein zweites Medium, einen Vermittler, in diesem Fall einen Dolmetscher. Ferner kann es auch sein, dass ich einen Gedanken habe und mitteilen möchte, obwohl niemand da ist.

Hier stehen mir verschiedene Möglichkeiten offen. Ich kann die Gedanken aufschreiben oder mein gesprochenes Wort aufnehmen. In beiden Fällen kommt mindestens ein Medium dazu (die Schrift oder ein Aufnahmegerät). Wenn ich die Sprache aufnehme, kommt es darauf an, wie. Die älteste Form der Aufnahme ist die Schallplatte. Wenn ich eine Schallplatte erstelle, kommt nur ein Medium dazu. Bei dieser Aufnahme werden die Schallwellen in die Platte geritzt. Beim Abspielen müssen die entstehenden Schwingungen nur verstärkt werden, um erneut zu erklingen. Es handelt sich hierbei um eine analoge Aufnahme.

Bespiele ich ein Tonband, kommt ein weiteres Medium hinzu, da die Schallwellen in elektrische Impulse verwandelt werden. Hier wird der elektrische Strom zum Medium. Aber auch dies ist eine analoge Aufnahme, da die Schwingungen der elektrischen Impulse den Schwingungen der Schallwellen entsprechen.

Anders wird dies, wenn ich eine CD bespiele, hierfür werden die Schallwellen digitalisiert, d.h. codiert. Die digitale Sprache besteht aus «Bits» (elektrische Schalter), diese können entweder an = 1 oder aus = 0 sein, deshalb spricht man von binären Codes. Jeweils 8 Bits ergeben ein Byte, was einer Speichereinheit entspricht. Auf einer CD befinden sich nur solche binären Informationen in Form von kleinen Erhebungen (so sieht der Teil einer binären Kette aus: 01010011 00101010 01000101 10101001 01110001). Aus dieser Abfolge ist nicht zu erkennen, um was es sich handelt, denn es kommt darauf an, mit welchem Programm diese Informationen gelesen werden, sie werden je nachdem zu: Musik, Buchstaben, Zahlen oder dem Teil einer Grafik. Genau genommen werden die Informationen doppelt codiert: Zum einen werden sie in Zahlen übertragen, so hat der Buchstabe «A» den Wert 65. Zum anderen wird dieser Wert dann in einer binären Folge ausgedrückt: 01000001 = 65. Diese Folge entspricht aber auch einem codierten Ton; insofern bilden digitale Informationen einen Gegensatz zu analogen Informationen, da man nicht mehr erkennen kann, um was es sich handelt. In der folgenden Tabelle ist die Codierung für ein halbes Byte, also 4 Bits dargestellt:

Position 1	Position 2	Position 3	Position 4	
0/1	0/1	0/1	0/1	Bit Stellungen
0/1	0/2	0/4	0/8	Entsprechender Zahlenwert
1	0	0	1	1. Beispiel : Wert = 1 + 8 = 9
0	1	0	1	2. Beispiel : Wert = 2 + 8 = 10

Diagramm für die Erstellung binärer Codes

In der digitalen Information hat man das physische Gegenbild des geistigen Gedankens. Ein Gedanke ist universell, und je nachdem, wer ihn denkt, wird er anders erlebt: als Bild, als Gedicht, als Sprache oder als eine innere Empfindung. Das Wesen des Gedankens ist aber immer lebendig, es unterliegt einer steten Wandlung, und es bedarf einer starken Willenstätigkeit, um einen Gedanken in genau gleicher Form wieder zu denken. Ein digitaler Code ist physisch geprägt und unwandelbar festgelegt. Was einmal digitalisiert und gespeichert worden ist, ist damit immer in identischer Form reproduzierbar (wenn ich das gleiche Programm benutze).

Bei den analogen Medien, bis hin zum Tonband, findet man noch Spuren einer Lebendigkeit in der Abnutzung. Ein natürlicher Verfall ist immer auch Zeuge einer ehemaligen Lebendigkeit. Eine Tonbandaufnahme hört sich nie gleich an, wenn auch die Unterschiede so minimal sind, dass sie für den Menschen erst nach sehr häufigem Abspielen zu hören sind.

Man kann also in der Entwicklung der Medien einen Weg vom Lebendigen zum Toten erleben.

Die Menschheit hat schon sehr früh in ihrer Entwicklung damit begonnen, Medien zu benutzen – man denke zum Beispiel an die Höhlenmalereien der Eiszeit –, und von Anfang an ging der Weg vom Lebendigen zum Toten. Unter diesem Gesichtspunkt fällt es schwer, den Begriff «Neue Medien» zuzuordnen. Häufig wird er in Bezug auf die elektrischen Medien gebraucht (z.B. Radio, Telefon, Fernsehen usw.). Manch einer zählt aber auch die Zeitungen dazu und setzt «Neue Medien» mit «Massenmedien» gleich. Unter Massenmedien versteht man solche, die eine große Anzahl von Menschen gleichzeitig erreichen. Am Anfang dieser Massenmedien steht das gedruckte Buch, das durch seine Reproduktionsfähigkeit viele Menschen erreichen kann. Von Neuen Medien kann man eigentlich nur in Verbindung mit Computern reden. Denn erst die Digitalisierung bringt eine absolut neue Qualität in die Medien, und seit der Einführung der Computer kann man erleben, wie immer mehr analoge Medien digitalisiert werden, z.B. die Telefone.

Aktive und passive Medien

Der größte Teil unseres Lebens wird von Medien begleitet. Schon wenn wir jemandem zum Gruß zuwinken, benutzen wir ein Medium: die Gestik. Ohne Medien könnte kein Mensch leben, denn er hätte keine Möglichkeit, sich mit seinen Mitmenschen auszutauschen. Beim Vergleich aller heute zur Verfügung stehenden Medien kann man zwei Qualitätsunterschiede ausmachen: Es gibt Medien, die wir bewusst ergreifen müssen, und solche, denen wir uns bewusst entziehen müssen. Ich möchte dies an einigen Beispielen deutlich machen.

Sie haben gerade diesen Text vor sich, er besteht aus schwarzen Zeichen auf weißem Grund. Wenn Sie das Blatt nur anschauen, sehen Sie nur ein Muster, haben aber keine Ahnung, was es bedeutet. Erst wenn Sie ihre Aufmerksamkeit darauf richten, können Sie den Text lesen. Wenn Sie den Text lesen, heißt das noch lange nicht, dass Sie ihn auch verstehen, dafür müssen Sie noch mehr Aufmerksamkeit aufbringen. Sie müssen also innerlich aktiv sein, um lesen und das Gelesene verstehen zu können.

Anders ist es schon beim Hören. Man kann sich dem Hören an sich nur sehr schwer und wenn, dann nur bewusst entziehen (z.B. indem man sich die Ohren zuhält). Ob man auch inhaltlich etwas versteht von dem, was jemand sagt, ist natürlich wieder eine andere Frage und hängt von der inneren Aufmerksamkeit des Hörenden ab.

Immer mehr Bereiche unserer Wahrnehmung werden heute von Medien besetzt. So zum Beispiel das Sehen. Auch dem Sehen kann ich mich nur bewusst entziehen. Streng genommen ist alles, was wir sehen, ein Medium, denn auch hinter dem Bild des Baumes steht eigentlich ein geistiges Wesen, das wir nicht unmittelbar wahrnehmen können; es bleibt für uns unbewusst. Hingegen fordern uns die von Menschen geschaffenen Gegenstände, die wir erblicken, dazu auf, sie zu entschlüsseln. Die Zahl der Bilder, die derart auf uns einstürmt und unsere Aufmerksamkeit herausfordert, wird immer größer; dabei wird es immer schwerer, sich der Flut zu entziehen und wenigstens einen Teil noch wirklich zu entschlüsseln.

Auch diese Qualitäten unterliegen in ihrer Gewichtung einer zeitlichen Entwicklung. In vergangenen Zeiten mussten die Menschen die Medien bewusst ergreifen (z.B. das Schreiben und Lesen, das nur sehr wenige Menschen beherrschten). Allmählich nahmen die Medien, die auf die Menschen eindrangen, immer mehr zu. Heute müssen wir mehr Kraft darauf verwenden, uns dem Ansturm zu entziehen, als Medien zu ergreifen.

Diesen Vorgang kann man sich noch verdeutlichen, wenn man den Abstand des Menschen zu den durch neue Medien vermittelten Sinneseindrücken untersucht:

TV	Computer	Virtuelle Realität
2 – 3 m	50 – 75 cm	> 5 cm

Dabei nimmt nicht nur die Entfernung ab, sondern es werden auch immer mehr Sinne beteiligt:

TV	Computer	Virtuelle Realität
Sehsinn	Sehsinn	< vier Sinne
Gehörsinn	Gehörsinn	Ziel ist es, alle
	Tastsinn[1]	Sinne einzubeziehen
	Bewegungssinn	

Daraus wird ersichtlich, dass der Mensch immer mehr Energie aufbringen muss, um sich den «neuen Medien» zu entziehen.

Man sollte also bei Medien eher von mehr oder weniger lebendigen bzw. aktiven einerseits und toten, passiven andererseits sprechen, um den Kern der Sache zu erfassen.

Gerade Kinder und Jugendliche sind dem zunehmenden Ansturm durch die Medien ziemlich wehrlos ausgesetzt, und es ist eine wichtige Aufgabe der heutigen Erziehung, den Kindern zu vermitteln, wie sie sich gegenüber den Medien behaupten können. Dabei kann man sich nicht auf «natürliche Schutzmechanismen» verlassen, denn das Verhalten der Kinder im Umgang mit elektrischen Medien zeigt, wie anfällig sie darauf reagieren. Dabei entwickeln sie erstaunliche Fähigkeiten, was die Handhabung angeht; oft sind sie in kürzester Zeit ihren Eltern im Umgang mit Computern und anderen technischen Geräten überlegen – oft sind es die Kinder, die den Videorecorder programmieren –, was die Erziehung zu einem richtigen Umgang mit dem Computer für die Eltern nicht leichter macht. Es hat sich unter den Jugendlichen eine Strömung gebildet, die sich bewusst einem Ansturm von künstlichen Einflüssen aussetzt, gemeint ist die «Techno-Bewegung». Diese Jugendlichen betreiben geradezu einen Medienkult, deshalb beschäftigt sich das nächste Kapitel ausführlich mit den Phänomenen der Techno-Bewegung.

Techno
Die Jugend raved durch die 90er
«Wir wollen nichts bewegen, außer uns selbst»

Meine erste Begegnung mit Techno

1990 wurde ich zum ersten Mal mit Techno konfrontiert. Ein Kreis von Freunden war begeistert von dieser Musik und ging am Wochenende mehr und mehr auf Raves.[2] Jedes Mal, wenn ich bei ihnen war, spielten sie mir Techno-Musik vor und erzählten begeistert von den Wochenenden. Ich war zwar nicht abgeneigt gegenüber rein elektronischer Musik, konnte mich aber nicht sehr für Techno begeistern, da die einzelnen Stücke doch sehr ähnlich auf mich wirkten. Auf meine Einwände wurde mir erwidert, dass Techno nicht nur aus der Musik bestehe, sondern mehr umfasse: das Ambiente, die Leute und die Stimmung auf Raves. Deshalb boten sie mir an, mich mitzunehmen. Da ich bei ihnen echte Begeisterung erlebte, wollte ich durchaus die Erfahrung machen, um mir ein besseres Urteil bilden zu können.

Am folgenden Wochenende trafen wir uns, um zu einem Rave zu fahren. Da ich kein Auto besaß und auf meine Freunde angewiesen war, hatte ich sie gebeten, mich eventuell nach einer Stunde nach Hause zu fahren, falls es mir nicht zusagen würde.

Um 22.30 Uhr fuhren wir los, die Fahrt führte über die Autobahn und Landstraßen in eine Gegend, die nicht mit öffentlichen Verkehrsmitteln zu erreichen ist, hin zu einem reinen Industriegebiet. Unterwegs waren die Straßen fast leer gewesen, aber als wir in das Industriegebiet hineinfuhren, waren sie gesäumt mit Autos. Wir wurden von einem Mann mit Leuchtweste gestoppt und zu einem Parkplatz gewiesen. Als wir dort ankamen, lag in der Luft ein Wummern und Dröhnen, obwohl wir noch einige hundert Meter von der Diskothek entfernt waren. Vor dem Eingang standen etliche Menschen, bunt bis schrill angezogen und in bester Laune. Das Dröhnen war mittlerweile so laut, dass man sich nur mit lauter Stimme unterhalten konnte.

Als wir die Diskothek betraten, kamen wir zuerst in eine große Eingangshalle, von der mehrere Gänge abgingen. In der Mitte der Halle stand eine Bar, und der ganze Raum war angefüllt mit Menschen. Über einen Aufgang kamen wir zu einem Gang, der zur Empore des Hauptraumes führte. Dort war wegen der Lautstärke kein normales Gespräch mehr möglich. Die ersten Eindrücke waren überwältigend: das Hämmern der Musik, die Lichteffekte einer riesigen Lichtanlage, die warme, fast heiße Luft und der Geruch von Schweiß, Zigaretten und Kunstnebel. Alle Menschen, auch auf der Empore, waren in Bewegung. Unter uns lag die Tanzfläche, auf der sich eine wabernde Menschenmasse zu der Musik bewegte, Einzelheiten waren aufgrund der Beleuchtung nicht auszumachen, da mehrere Stroboskope[3] im Takt der Musik mitflackerten.

Ich versuchte, ruhig stehen zu bleiben und mir einen Überblick zu verschaffen. Nach kurzer Zeit stieg eine Übelkeit in mir auf, die mit Bewegungsunruhe verbunden war, sie verschwand erst, als ich anfing mich zum Takt zu bewegen.

Alles in allem verspürte ich eher den Drang zu gehen als zu bleiben. Ich wollte mich aber zuerst noch weiter umsehen. Wir gingen runter zur Tanzfläche und blieben am Rand stehen, von wo aus wir die tanzende Masse betrachteten. Ich gab meinen Freunden durch Brüllen und Zeichen zu verstehen, dass ich kurz auf die Tanzfläche gehen würde, wenn ich mich schon bewegen müsste. So bahnte ich mir tanzend einen Weg in die Masse, und sofort hatte ich das Gefühl, im Mittelpunkt zu stehen, ohne mich aber beobachtet zu fühlen. Ich war eingesponnen in die Musik, das Licht, den Kunstnebel und die anderen Menschen, die ich aber nur optisch wahrnahm. (Auf einem Rave gibt es keine abgeschlossenen Musikstücke, da der DJ[4] die Stücke so zusammen mixt, dass die Übergänge verschwinden.)

Ich tanzte so lange, bis ich einen total trockenen Mund bekam und unbedingt was trinken wollte. Als ich zum Rand zurücktanzte, überlegte ich, wieviel Zeit wohl verstrichen sei, und schätzte 30 bis 45 Minuten. Bei meinen Freunden angekommen, begrüßten mich erstaunte Gesichter. Sie fragten mich, ob ich die ganze Zeit getanzt hätte, was ich bestätigte, und zeigten mir auf ihrer Uhr, dass ich viereinhalb Stunden getanzt hatte.

Ich zeigte an, dass ich etwas trinken wollte, und wir gingen an die Bar im Vorraum. Mir war es völlig unverständlich, wie ich so lange hatte tanzen können. Zuerst dachte ich, meine Freunde hätten ihre Uhren vorgestellt, aber der Vergleich mit einer anderen Uhr bestätigte ihre Aussage. Angesichts der fortgeschrittenen Uhrzeit bat ich sie, mich nach Hause zu fahren, obwohl ich noch nicht richtig müde war.

Als wir die Disco verließen, merkte ich erst, wie verschwitzt ich war, auch hatte ich ein Fiepen im Ohr, so dass auch jetzt keine normale Unterhaltung möglich war.

Während der Autofahrt machte sich nach und nach die Müdigkeit bemerkbar, und ich spürte die Anfänge eines Muskelkaters. Zu Hause angekommen, musste ich erstmal viel trinken, um das Gefühl der Trockenheit im Mund zu überwinden, das Fiepen im Ohr dauerte noch bis zum Abend des nächsten Tages.

Nach dieser ersten Begegnung konnte ich die Begeisterung etwas verstehen, aber hauptsächlich waren viele neue Fragen entstanden. Wie kommt es zum Beispiel, dass man auch ohne Drogen solche Leistungen erbringen kann?

Dieser und anderen Fragen möchte ich im Folgenden nachgehen. Aber zuerst möchte ich mich mit der Entstehung von Techno beschäftigen.

Auf der Suche nach den Wurzeln kann man verschiedene Ausgangspunkte wählen. Man könnte die ersten Spuren schon in der Klassik finden, als einige Komponisten zum einen auf der Suche nach reiner Rhythmik waren und den reinen Takt anstrebten und zum anderen die Bestrebung hatten, die gängigen Klangfiguren zu durchbrechen und verschiedene Strukturen zu mischen. Diese beiden Elemente sind ja auch bei neuzeitlichen Komponisten zu finden, zum Beispiel in der Minimal-Musik.

Ich möchte aber im Rahmen dieser Arbeit den Bogen etwas enger spannen und beginne deshalb mit den direkten Vorläufern des Techno.

Gegen Ende der sechziger Jahre tauchte die erste rein elektronische Musik auf. Die damaligen Musiker benutzten große und teure Synthesizer, um neue Klänge und Klangmuster zu erzeugen. Es seien hier nur Klaus Schulze, Tangerine Dream und Isao Tomita erwähnt. Sie produzierten reine Musik ohne Texte. 1976 kam der erste Sampler auf den Markt, ein Gerät, in das man Klänge jeder Art einspielen und dann nachträglich verändern kann, zum Beispiel auch die menschliche Stimme. «Kraftwerk» war die erste Gruppe, die eine rein synthetische Plattenaufnahme produzierte, auf der auch der Gesang nachträglich bearbeitet war. Deshalb gilt die deutsche Gruppe Kraftwerk als der Urvater des Techno, zumal sie direkt die passende Ideologie mitlieferte, in ihren Texten geht es um die Symbiose von Mensch und Maschine (z.B. «Wir sind die Roboter»).

Mehr und mehr Musiker nutzten die neue Technik, die immer billiger und kompakter wurde. Der eigentliche Begriff Techno, auch Teckno, entstand in Detroit durch Juan Atkins, der 1984 eine Single produzierte, in deren Titel das Wort Techno erschien. Atkins gilt deshalb als der «Godfather des Techno». Er selbst nennt aber als Vorbild die deutsche Gruppe Kraftwerk.

Zu gleicher Zeit waren in Europa mehrere Gruppen aktiv, die in dieser Richtung arbeiteten, zum Beispiel «Art of Noise» aus England, «Yello» aus der Schweiz und «Front 242» aus Belgien.

Sie bereiteten den Boden für den europäischen Techno-Stil, der sich mittlerweile durchgesetzt hat; wenn also auch der Name aus Amerika kommt, so ist Techno doch ein europäischer Impuls. Ob und wie dies zu verstehen ist, wird in einem späteren Abschnitt behandelt.

Parallel zur Entwicklung der Technoproduzenten fand eine neue Gestaltung des Berufsbildes des Diskjockeys (DJ) statt. Während früher der Diskjockey lediglich Platten auflegte und für die Gesamtgestaltung des Abends zuständig war, wurde er mehr und mehr zum Künstler. Er benutzt die fertigen Platten und «sampled» (also mischt) sie neu zusammen. Das Ganze wird dann von einer Rhythmusmaschine mit einem durchgängigen Beat unterlegt, manche spielen sogar eigene Klangmuster durch Synthesizer ein. Dadurch wird der DJ zum live-Künstler. Des Weiteren sorgt diese Kombination für die unendliche Vielfalt. Auf einem Rave hört man nie die gleichen Musikstücke, selbst wenn der gleiche DJ auflegt. Die Musik ist zwar synthetisch und immer reproduzierbar, aber jedesmal neu und nur für diesen Augenblick gemischt. Heute prägen die DJs die Technobewegung; die bekanntesten und damit bestbezahlten sind West Bam aus Berlin, Marusha ebenfalls aus Berlin und Sven Väth aus Frankfurt. Sie verdienen mittlerweile fünfstellige Summen für einen Auftritt.

Im Widerspruch zu dem heutigen DJ-Kult stehen die Ursprünge der Bewegung. Bevor Techno zu einem einträglichen Geschäft wurde, war es eine kleine elitäre Gemeinschaft, die versuchte, einen neuen, der Zeit entsprechenden Musikstil zu finden. Dabei waren verschiedene Haltungen vertreten: Einige wollten durch die rein synthetische Musik die technikorientierte Gesellschaft kritisieren, andere waren neugierig, ob es möglich sein würde, mit den neuen Mitteln auch eine neue Form von Musik zu gestalten. Zu der letztgenannten Gruppe gehören auch «Einstürzende Neubauten», die kaum herkömmliche Musikinstrumente verwenden, vielmehr Alltagsgegenstände benutzen, um Klänge zu erzeugen. Sie verwenden zum Beispiel Bohrmaschinen, Mülltonnen und Einkaufswagen. Wenn man sich ihre Platten anhört, vermutet man bei verschiedenen Geräuschen und Klängen, dass es sich um synthetische Klänge aus dem Synthesizer handelt, dabei werden diese Klänge aber mit Hilfe von verschiedenen realen Gegenständen erzeugt. Die bereits erwähnte Gruppe «Kraftwerk» hat sich für einzelne Stücke durch Alltagsgeräusche inspirieren lassen, so simulieren sie bei dem Stück «Autobahn» die Geräusche vorbeifahrender Autos und in dem Stück «Trans Europa Express» das Rattern der Räder auf den Schienen. Die genannten Gruppen gingen nie davon aus, dass sie einen größeren Erfolg mit ihren Produktionen erzielen würden, sie verstanden sich vielmehr als Performance-Künstler, die Zeitsymptome in entsprechender Form zum Ausdruck bringen wollten.

Unter diesen Gesichtspunkten ist es nicht verwunderlich, dass die Gruppe «Einstürzende Neubauten» gerade in Japan große Erfolge hatte und hat; es zeigt, dass gerade Menschen in hochtechnisierten Ländern ein Bedürfnis nach einer Musikform haben, die die heutigen Alltagserfahrungen künstlerisch zum Ausdruck bringt. So verbreitete sich in Europa die synthetische Musik parallel zu den Computern; je mehr Technik in die Wohnungen einzog, umso mehr wurde die synthetische Musik als zeitgemäße Kunstform erlebt. Mit Beginn der Neunzigerjahre wurde die Techno-Bewegung zunehmend zu einer Massenbewegung und damit zu einem lukrativen Markt. Viele Künstler, die am Anfang der Bewegung standen, haben sich mittlerweile von ihr getrennt, da sie ihre Ideale der kritischen Auseinandersetzung mit der Technisierung in der heutigen Techno-Musik nicht mehr wiederfinden können. Die heutige Techno-Bewegung kritisiert die Technisierung nicht mehr, sondern huldigt ihr. So ist Techno nicht nur eine Musikrichtung, sondern eine Kulturströmung geworden, zu der Romane (hauptsächlich Science-fiction), Filme und ein entsprechender Lebensstil gehören (Adaption aller zur Verfügung stehender Techniken, z.B. Handys, Computer usw.).

Die Grundelemente des Techno – schnelle Beats und darüber gelegte Klangfiguren – haben mittlerweile ihren Einzug in die gesamte Gesellschaft gehalten. Die Werbung ist genauso davon geprägt wie die normale Pop- und Discomusik. Der Unterschied liegt bei den DJs; die heutige Discomusik, genannt Dancefloor, besteht weiterhin aus fertigen Stücken, die hintereinander gespielt werden und dadurch immer wieder erkennbar sind. Dadurch werden die Übergänge zwischen diesen Bereichen aber auch wieder vermischt, denn die DJs produzieren mittlerweile eigene Platten. Wenn also in einer Disco ein Stück von Marusha läuft, ist es zwar Techno-Musik, aber trotzdem Dancefloor, da das Stück so gespielt wird, wie es auf der Platte ist. Durch dieses Beispiel möchte ich nur andeuten, wie schwer es ist, sich in diesem Bereich zu orientieren. Im Techno-Bereich gibt es eine Vielzahl von Strömungen, deren genauer Unterschied nur den Insidern bekannt ist, wenn überhaupt. Ich habe mehrere Gespräche erlebt, wo sich Insider darüber stritten, ob ein DJ zu dieser oder jener Strömung gehört oder nicht. Deshalb unterlasse ich es hier, die einzelnen Strömungen aufzuzählen. Ich möchte nur eine Strömung an dieser Stelle gesondert erwähnen, und zwar die Trance-Musik. Sie ist in ihrem Gesamtduktus ruhiger und hat Klangfiguren, die sich in Schleifen immer wiederholen, sie wird bevorzugt in den frühen Morgenstunden gespielt, damit sich die Tänzer etwas erholen können, oder in extra Räumen bei Großveranstaltungen. Des Weiteren findet sich in Israel eine Techno-Strömung, die nur Trance-Techno spielt. Dabei werden die synthetischen Trance-Klänge von Kongas und Trommeln begleitet, am Ende einer solchen Techno-Party findet eine gemeinsame Meditation statt. Diese Bewegung ist an indischen Lehren orientiert und stößt in der jüdischen Gesellschaft auf Ablehnung. Das israelische Parlament berät über ein Gesetz, das Techno-Veranstaltungen und die Herstellung von Techno-Musik wegen der in der Szene gebrauchten Drogen in Israel verbieten soll.

Als Gemeinsames gilt für Techno-Musik, dass über einen Grundrhythmus von mindestens 140 bpm (beats per minute)[6] verschiedene synthetische Klangfiguren gelegt werden. Bei Dancefloor liegt die Geschwindigkeit meistens darunter (100 bis 140 bpm).

Die Wirkung von Techno auf den menschlichen Organismus

(Techno als Droge / Techno und Drogen)

In diesem Zusammenhang muss man Techno als einen Sammelbegriff verstehen, der drei Faktoren umfasst: die Musik, die Lautstärke und die Lichteffekte. Techno ist keine Musik für zu Hause, denn der gesuchte Effekt tritt nur auf, wenn alle drei Faktoren zusammen kommen.

Ich hatte oben erwähnt, dass Techno-Grundrhythmen mindestens 140 bpm haben. Wenn diese in einer entsprechenden Lautstärke den Körper beschallen, werden alle Organe in diese Schwingung versetzt, auch das Herz! Im Ruhezustand hat ein Mensch einen Puls von etwa 80 Schlägen pro Minute (dies entspricht 80 bpm), bei der Ausübung einer Dauersportart wie Langlauf erhöht sich diese Frequenz auf etwa 135 Schläge.

Wenn das Herz von außen in eine Schwingung versetzt wird, versucht es diese auszugleichen. Dies führt dazu, dass die Nebennieren verstärkt Adrenalin produzieren. Durch Adrenalin wird der Flüssigkeitsaustausch im Körper gesteigert und dadurch die Herzschlagfrequenz erhöht. Normalerweise wird dieser Vorgang durch innere Aktivität ausgelöst, also eine körperliche Betätigung. Auf einem Rave kommt die Reizung von außen und erzeugt als direkte Folge Bewegungsunruhe; wenn man dieser nicht nachgibt, kommt es zu Übelkeit bis hin zur Ohnmacht.

Der Organismus steht also bei einem Rave immer unter Streß, zumal die Frequenz meist über 140 bpm liegt, eine Frequenz, die das Herz, wenn es sie erreicht, nicht lange halten kann. Es wird also permanent Adrenalin ausgeschüttet, was den Körper wachhält und zu erstaunlichen Leistungen führt. Nach einiger Zeit beginnt dann der Körper damit, Endorphine zu produzieren. Endorphine sind körpereigene «Drogen», die ein Glücksgefühl und eine Art Trance-Zustand hervorrufen. Die Endorphine wurden bei Marathonläufern entdeckt und erforscht.

Endorphine ähneln in ihrer Struktur und Wirkung den Morphinen. Normalerweise werden sie im Körper nach schweren Verletzungen und in Angstzuständen freigesetzt, dabei wirken sie als körpereigenes Schmerz- und Beruhigungsmittel und ermöglichen es dem Menschen, eingeschränkt handlungsfähig zu bleiben. Bei Marathonläufern und anderen Extremsportlern überlagern die Endorphine die Muskelschmerzen, die bei Dauerbelastung aufgrund der Milchsäureproduktion in den Muskeln auftreten.

Diesen Zustand erreicht auch der Besucher eines Raves, aber nicht aus sich heraus, sondern von außen verursacht. Es ist somit verständlich, dass Raver die ganze Nacht durchtanzen, ohne müde zu werden, und von Trance-Zuständen berichten. Dieser Zustand ist aber mit mehreren Risiken verbunden. Die erste Gefahr besteht in dem hohen Flüssigkeitsverlust des Körpers durch eine gesteigerte Schweißproduktion, was durch die vielen Menschen auf kleinem Raum und die schlechte Luft im geschlossenen Raum unterstützt wird. Da die Getränke in Discotheken grundsätzlich sehr teuer sind, trinken die meisten Raver zu wenig, was zur Austrocknung führt und sich in Fieber äußert. Auf Großveranstaltungen wie zum Beispiel dem Mayday in Dortmund mit 25 000 Besuchern werden jedes Jahr einige Jugendliche behandelt, die mit Fieber bis 40 Grad zusammenklappen.

Des Weiteren kann die äußere Belastung des Herzens auf Dauer zu Herzrhythmusstörungen führen, da zwei Rhythmen disharmonisch zusammenschwingen (z.B. 135 bpm als eigener und 160 bpm als von außen kommender Rhythmus).

Ein weiteres Gesundheitsrisiko – diesmal für die Ohren – ist die Lautstärke. Dies ist aber nichts Neues, wohingegen die eben geschilderten Phänomene nur im Techno-Bereich zu finden sind. Zudem ist bei Techno die Lautstärke nicht mehr nur allein für die Schädigungen verantwortlich. Mittlerweile arbeiten die Produzenten auch mit Subbaßfrequenzen; diese sind für das Ohr nicht wahrnehmbar, wirken aber auf die Materie, also auch auf die Organe. Diese Frequenzen wurden zum Beispiel 1993 auf dem Mayday eingesetzt. In der Mitte der Westfalenhalle stand eine einzige große Baßbox, die auf den Boden gerichtet war. Die Schallwellen waren nicht hörbar, versetzten aber das gesamte Fundament in Schwingungen und sorgten so für eine Erdbebensimulation. Der hörbare Klang entstand durch die schwingenden Wände, die als Membran dienten. Aufgrund dieses Phänomens ist es vor den Discos oft lauter (was die Bässe angeht) als drinnen.

Viele Raver sind sich nicht darüber im Klaren, wie es zu diesem Trance-Zustand kommt. Deshalb findet man in Interviews auch immer wieder Aussagen, in denen die Raver davon sprechen, dass man Techno nur erleben, aber nicht darüber reden kann.

Es ist bekannt, dass im Techno-Bereich verschiedenste Drogen grassieren. Welche Drogen sind das, und warum werden sie genommen?

Der Übergang zu den Drogen ist hier schleichend; aufgrund des hohen Flüssigkeitsbedarfs sind sogenannte «Energydrinks» sehr beliebt. Diese speziell für Sportler entwickelten Getränke enthalten Mineralien und Spurenelemente, die der Körper bei Anstrengung vermehrt ausscheidet. Diese Getränke sind durchweg synthetisch gemischt und werden deshalb auch als «Designerfood» bezeichnet. Zu dieser Gruppe gehören «Isostar» und «Gatorade», um nur zwei zu nennen. Eine intensiver wirkende Form dieser Getränke kam vor einigen Jahren auf den Markt; einige enthalten auch aufputschende Stoffe, hauptsächlich hohe Dosen von Koffein. Unter Ausnutzung des Europäischen Binnenmarktabkommens sind diese Getränke auch in Deutschland in jedem Supermarkt erhältlich, obwohl sie laut Bundesdeutschem Betäubungsmittelgesetz nicht zulässig sind. Einige dieser Getränke enthalten auch noch andere Stoffe wie Taurin, ein tierisches Hormon (von Stieren), das einen aufputschenden Effekt hat. Getränke dieser Art sind zum Beispiel «Red Bull» und «Flying Horse».

Das Bedürfnis nach aufputschenden Mitteln entsteht hauptsächlich bei den Ravern, die das ganze Wochenende durchfeiern und dabei häufig die «locations»[7] wechseln. Wenn sie nach einem längeren Aufenthalt in einer Disco, mit dem oben geschilderten Effekt, aufgedreht ins Auto steigen, um woanders hinzufahren, setzt nach einiger Zeit die Müdigkeit ein. Raver, die an einem Wochenende oft größere Strecken zurücklegen – z.B. von Köln nach Bochum oder Düsseldorf und zurück nach Köln –, könnten diese Anstrengung nicht ohne Aufputschmittel durchstehen. Hierbei sind die Energydrinks noch die harmlosen Varianten, oft wird dann «Speed»[8] genommen oder, wenn sie über mehr Geld verfügen, Kokain[9]. Beide Mittel erhöhen den Flüssigkeitsaustausch, beschleunigen den Puls und erzeugen so eine künstliche Wachheit und Bewegungsunruhe. Kokain wirkt zusätzlich noch auf die Nervensynapsen, was Schmerzunempfindlichkeit und zugleich euphorische Zustände zur Folge hat. Alle bisher genannten Aufputschmittel haben Nebenwirkungen: Zum einen wirken sie appetithemmend, was die Auszehrung des Körpers unterstützt, zum anderen folgen, wenn die Wirkung abgeklungen ist, depressive Zustände, deren Stärke von der Menge und Dauer der Einnahme abhängt.

Generell sinkt nach einer längeren Phase der Wachheit die Stimmung, was jeder kennt, der schon einmal eine Nacht durchgemacht hat; nach einer Phase der Euphorie und Überdrehtheit wird man unausgeglichen und leicht reizbar. Dieser Umschlag tritt auch bei den Ravern ein. Da sie aber Spaß haben wollen, werden sie anfällig für Stimmungsheber, welche in Form von «Ecstasy»[10] gehandelt werden. Da vielen Menschen nicht bekannt ist, was Ecstasy ist, möchte ich etwas näher darauf eingehen.

Ecstasy wurde 1912 als synthetischer Appetitzügler entwickelt, kam aber damals nicht auf den Markt. Die chemische Bezeichnung ist MDMA (3,4-Methylendioxyn-Methylamphetamin). 1965 wurde Ecstasy wiederentdeckt wegen seiner Wirkung auf die Psyche. Da es euphorische Zustände hervorruft, wurde es hauptsächlich zur Behandlung bei depressiven Menschen verwendet. Man konnte aber nie eindeutig herausfinden, wie MDMA auf den Körper wirkt, deshalb wurde es nur unter ärztlicher Aufsicht eingesetzt.[11] Während des Vietnamkrieges wurde es als Wahrheitsdroge getestet. MDMA ist in seiner reinen Form nur sehr schwer herzustellen; das Ecstasy, das heute auf dem Schwarzmarkt kursiert, ist deshalb generell MDA (3,4-Methylen-Dioxyd-Amphetamin), ein Derivat, das deutliche Nebenwirkungen und Nachwirkungen hat (Kopfschmerzen und depressive Zustände). Die Nachwirkungen von MDA sind nicht wie ein «Kater» zeitlich begrenzt, sondern führen zu chronischen Schäden. Der Wirkstoff MDA lagert sich an den Nervensynapsen im Gehirn an und blockiert die körpereigenen Neurotransmitter, diese werden in der Folge abgebaut und können vom Körper nicht mehr neu gebildet werden. So kommt es als Folge von Ecstasy-Konsum nicht nur zu depressiven Zuständen, sondern zu einer «endogenen» Depression.[12]

Ecstasy wirkt stimmungshebend, weshalb es auch als «Glückspille» bezeichnet wird. Es verbreitet ein Gefühl von innerer Wärme, was als Gefühl der Liebe beschrieben wird; die Grenze der Persönlichkeit verschwindet, alle sind nett und alles ist schön.

Dieses Erlebnis tritt aber nur auf, wenn in den Pillen auch wirklich MDA enthalten ist; oft werden andere Kompositionen als Ecstasy verkauft oder andere Stoffe zugesetzt (z.B. LSD oder Heroin). Was in den Pillen enthalten ist, kann der Konsument nur ahnen, nachdem er die Pille genommen und die Wirkung erlebt – und überlebt hat.

Die generelle Haltung der Raver gegenüber Drogen ist: «der Zweck heiligt die Mittel». Das Ziel ist Spaß, möglichst viel und möglichst lange. Wer müde wird, macht sich wach, wer schlecht gelaunt ist, macht sich glücklich, und in «Partylaune» denkt keiner an die Folgen.

Wer geht auf Raves?

Anfang der neunziger Jahre waren Raves noch mehr oder weniger «Underground»-Veranstaltungen und nur einer Minderheit vorbehalten. Dann breiteten sie sich aber durch Veranstaltungen wie dem Mayday in Dortmund und der «Loveparade»[13] in Berlin immer mehr aus. Die Szene hat sich mittlerweile verändert. Früher lag das Durchschnittsalter der Besucher über 20, dies ist auch heute noch der Fall bei reinen Techno-Discos, die immer in abgelegenen Gebieten zu finden sind, wo nur Autofahrer hinkommen. Bei den Großveranstaltungen nimmt das Durchschnittsalter jedoch immer mehr ab und dürfte heute bei 18 Jahren liegen. Hinzu kommt, dass auch die «normalen» Discos an Wochenenden mehr und mehr Techno-Musik oder zumindest Dancefloor spielen, auch hier liegt das Durchschnittsalter bis 24 Uhr bei 18 Jahren. Um zu verstehen, wieso gerade Jugendliche von Techno begeistert sind, möchte ich mich den Beweggründen und Idealen der Anhänger nähern.

Die Ideale der Raver

Wenn man mit Ravern spricht, wird einem immer wieder folgendes Motiv genannt : Jeder ist frei und kann rumlaufen, wie er will, und machen, was er will, alle verstehen sich. Gefragt nach den Zielen heißt es: Spaß, Spaß und nochmals Spaß!

Das erste Motiv drückt sich auch in der Sprache der Raver aus, immer wieder findet man in Büchern und auf «Flyern»[14] folgende Formeln und Begriffe: «Love, Peace and Unity» (Liebe, Frieden und Einheit), «Rave Nation», «Family», «Tribe» (engl.: Stamm, Sippe).

Aus diesen Motiven ergeben sich folgende Ideale:
– Ich will so sein, wie ich bin.
– Alle sollen mich akzeptieren, wie ich bin.
– Ich will Spaß.

Wenn man diese drei Ideale betrachtet, fällt auf, dass sie alle auf das Ego gerichtet sind. Und dennoch ist Techno eine Massenbewegung! Wie ist das zu verstehen?

Um zu einem wirklichen Verständnis zu kommen, muss man etwas weiter ausholen.

Mit der Pubertät sind verschiedene Prozesse verbunden, die sich nicht nur körperlich, sondern auch in der inneren Haltung der Heranwachsenden äußern. Zum einen ist da das physische Längenwachstum, das in den Füßen beginnt und sich von dort aus nach oben fortsetzt. Dadurch geht die Anmut der Bewegungen verloren, der Jugendliche paßt nicht mehr in seinen Körper. Er spürt die Schwere und muss sich bewusst mit ihr auseinandersetzen, was nur nach und nach gelingt. Es ist, als ob der Jugendliche seinen Körper wie von außen führen müsse, und so wie er sich selbst in seinen Bewegungen beobachtet, fühlt er sich von seiner Umwelt beobachtet. Gerne greift er Bewegungen von Vorbildern auf und versucht sie nachzuahmen, so entwickelt jede Clique ihren eigenen Habitus. Sobald aber Außenstehende hinzukommen, fühlt sich der Einzelne peinlich berührt, was ihm auch unmittelbar anzusehen ist.

Innerlich spiegelt sich dieser Prozeß in der Suche nach dem eigenen Standpunkt. Die bisherigen Werte werden hinterfragt und das wirklich Eigene wird gesucht. Man möchte so sein, wie man selber ist – diese Phase macht jeder Jugendliche mehr oder weniger dramatisch durch. Jede Jugendbewegung hat das dargelebt. Die eigenwillige Kleidung, Musik und Freizeitgestaltung sind hierfür Beispiele, immer geht es darum, anders zu sein, Neues zu suchen. Andererseits ist diese Phase geprägt vom Gefühl der Einsamkeit, das durch den Verlust der alten Werte, die von den Eltern und Lehrern übernommen waren, entsteht. Deshalb gibt es die Tendenz zur Cliquenbildung, man sucht Gleichgesinnte, die einen verstehen.

Zum anderen ist der Eintritt der Geschlechtsreife zu betrachten. Damit verbunden sind Veränderungen im Hormonhaushalt und eine Anzahl neuer Gefühle, die unbekannt und verwirrend sind. Das Interesse am eigenen Körper und dem anderen Geschlecht erwacht.

Beide Prozesse sind nicht zu trennen. Auf der einen Seite verstärken sie sich wechselseitig (in Bezug auf die Selbstwahrnehmung), auf der anderen Seite heben sie sich etwas auf (die anderen werden als schön und sicher erlebt, vor allem Vertreter des anderen Geschlechts).

Schaut man unter diesem Gesichtspunkt auf die älteren Jugendbewegungen zurück, kann man einen direkten Zusammenhang mit der Gesellschaftsentwicklung feststellen. In den sechziger Jahren wurde von der Gesellschaft die körperliche Seite tabuisiert, und man konnte erleben, wie in der Jugend gerade diese Seite in den Mittelpunkt gehoben wurde. Die Kleidung wurde freizügiger und Sexualität wurde zum Thema Nummer eins. Der Idealist der damaligen Zeit bezeichnete jeden Körper als schön, insofern er natürlich war; gleichzeitig wurde die individuelle Entwicklung (geistig und physisch) gepredigt. Heute ist unsere Gesellschaft geprägt von Schönheitsidealen, und ein riesiger Markt bietet Produkte, um diese Schönheitsideale zu erreichen. Dadurch wird das Bild vermittelt, dass jeder selbst dafür verantwortlich ist, ob er diesen Idealen entspricht – was die Krise des einzelnen Jugendlichen verstärkt und sich in seinem Konsumverhalten widerspiegelt.

Rudolf Steiner spricht im Vortrag am 21. Juni 1922[15] davon, dass sich in den Heranwachsenden, wenn sie sich zu stark auf sich konzentrieren, die in diesem Alter freiwerdenden Kräfte des Astralleibes in Machtkitzel und Erotik verwandeln. Dieses Geworfensein auf sich selbst ist heute allerorten zu erleben – nicht nur, aber auch in der Jugend.

Schauen wir nun zurück auf die drei Ideale, so sehen wir, dass sie ein direkter Spiegel dieser Prozesse sind. Was neu ist im Vergleich mit vergangenen Jugendbewegungen, ist das Fehlen von Idealen, die sich auf äußere Ziele – z.B. Frieden schaffen, ökologisches Bewusstsein und ähnliches – richten. Darin wird deutlich, wie stark die Jugendlichen auf sich geworfen sind. In dem oben erwähnten Vortrag spricht Rudolf Steiner davon, dass das Heilmittel gegen diesen Prozess das Schaffen von Weltinteresse sei. Weltinteresse fällt aber in einer Zeit, die durch Massenmedien und Informationsflut geprägt ist, immer schwerer und stellt eine große Herausforderung für die Zukunft dar. Ansätze hierzu sollen später versucht werden.

Die oben genannten Ideale finden sich nicht nur bei den Ravern, sondern bei vielen Jugendlichen. Techno bietet nur den Rahmen, in dem sie scheinbar am ehesten befriedigt werden. Der Einzelne kann in der Masse verschwinden, es gibt keine vorgegebenen Tanzfiguren, sondern es wird «abgezappelt», und bei der übermäßigen Lautstärke muss man sich nicht inhaltlich mit den anderen auseinandersetzen. So wird auch der Begriff der Toleranz, der sich hinter den Begriffen «Nation» usw. verbirgt, relativiert. Toleranz bedeutet ja, dass man sich trotz einer seelischen Abneigung bewusst auf das Gegenüber einlässt. Dies findet bei Raves nicht statt. Da keiner ein wirkliches Interesse an einer solchen Auseinandersetzung hat, hat man es hier mit Ignoranz zu tun, die nur als Toleranz bezeichnet wird. Zu dieser Erkenntnis kamen auch Raver im Laufe von Gesprächen. Es fiel ihnen sichtlich schwer, sich dazu durchzuringen – was ja auch verständlich ist, denn dieses Scheingebilde ist ein wesentlicher Grundstein des Selbstbewusstseins der Raver. Nur durch dieses Konstrukt wird die Einsamkeit überspielt.

Auch die anderen Bedürfnisse werden nur scheinbar befriedigt, denn eigentlich geht es ja in diesem Alter darum, aus sich heraus seinen Leib zu ergreifen. Wie ich bereits geschildert habe, geschieht dies jedoch bei Raves von außen, denn die Bewegungen werden durch die Musik verursacht und geführt. Man kommt also hier in den Bereich einer Scheinwelt. Scheinwelt insofern, als, so lange man in ihr ist (also auf einem Rave), die realen Bedürfnisse scheinbar befriedigt werden, außerhalb dieses Bereiches aber nicht. So entsteht eine Suchtstruktur, der Rave wird als die «heile Welt» erlebt und somit zum bestimmenden Lebensinhalt.

Der Raver und sein Verhältnis zur Zeit

Aus dem bisher Gesagten kann der aufmerksame Leser bereits dieses Verhältnis erahnen. Bevor ich es aber zusammenfasse, möchte ich einen Blick auf das Zeitempfinden früherer Jugendbewegungen werfen.

Die Jugend am Anfang des Jahrhunderts und auch noch der frühen Nachkriegszeit war stark auf die Zukunft orientiert. Sie fühlte sich dazu berufen, neue Impulse in die Gesellschaft zu bringen, zumal das generelle Zeitempfinden die Zukunftsorientiertheit teilte (am Anfang des Jahrhunderts durch die Wissenschaftsgläubigkeit und nach dem Krieg durch Wiederaufbau und Wirtschaftswunder). In den sechziger Jahren kam es zu einer Spaltung in zwei Strömungen. Die einen griffen Altes auf (in diesem Falle die Idee des Kommunismus), das sie in die Zukunft übertragen wollten. Die anderen hatten ein positives Endzeitbewusstsein («Paradise now»); sie sahen den Menschen als Krönung der Schöpfung an; er sollte sich nun dafür einsetzen, seine Fähigkeiten zum Wohle aller zu nutzen. Der Zukunftsaspekt lag «nur» noch in der Bewusstseinsentwicklung. Aus der zweiten Strömung entstanden die Friedens- und die Umweltbewegung. Als diese nicht zum Tragen kamen, kippte das positive Endzeitbewusstsein in ein negatives um («man kann ja doch nichts ändern»). Dieses äußerte sich in Destruktivismus, der entweder nach außen – z.B. in der Autonomenbewegung – oder nach innen gerichtet war, z.B. in der Punkbewegung oder der «No future»-Generation. In diese Zeit (siebziger Jahre) fällt auch die beginnende Umorientierung der Ideale von außen nach innen. Dem liegt die Haltung, dass man ja eh nichts ändern kann, zu Grunde. Das persönliche Glück tritt in den Vordergrund. Es wurde zuerst innerhalb der bestehenden Gesellschaft gesucht, was bei den «Yuppies»[16] am deutlichsten zu Tage trat.

Die heutige Generation erlebt, dass sie ihr Glück im Alltag nicht finden kann; dieser ist geprägt von Sorgen, Krisen und Streß. Deshalb sucht sie nach Scheinwelten, in denen sie ihr Glück zu finden hofft. Die Alltagswelt ist aber wichtig, um sich den Eintritt in die Scheinwelten zu ermöglichen. Die Jugend steht also heute in dem Spannungsfeld zwischen Arbeit und Freizeit. In der Freizeit kann man machen, was man will; Ausbildung und Arbeit dienen nur dazu, sich die Freizeit auch leisten zu können. Deshalb ist eine Karriere wichtig, denn je mehr Geld man hat, umso mehr kann man sich in der Freizeit ausleben und seine Bedürfnisse befriedigen.

Der Raver treibt dies auf die Spitze. Während eines Raves verlässt er im Trance-Zustand Raum und Zeit und versucht, diese Phase möglichst auszudehnen und dann voll auszuschöpfen. Unter der Woche wird gearbeitet, um das nötige Geld (im Schnitt

400 DM pro Wochenende incl. Drogen) zu verdienen. Ein Raver schilderte mir im Gespräch dieses Verhältnis so: «Am Donnerstag beginnt der Tag, der geht bis Sonntag, dann beginnt die Nacht. Die Woche erlebe ich wie im Schlaf, erst am Donnerstag wache ich wieder auf.» Einige scheitern an dieser Spaltung. Irgendwann schaffen sie es nicht mehr, den Anforderungen des Alltags gerecht zu werden, und verlieren ihren Job; dann können sie sich aber auch bald ihr Wochenende nicht mehr leisten. Solche Menschen werden mit der Zeit immer depressiver, nicht nur infolge der Drogen. Ich kenne einen solchen Fall: einen jungen Mann, der in dieser Scheinwelt gefangen ist, er ist arbeitslos und zur Zeit auf Grund seines Lebensstils auch arbeitsunfähig. Da er auf die Raves nicht verzichten kann, ist er hoch verschuldet und ohne eine Perspektive, wie er aus dieser Situation herauskommen soll.

Techno und die Wirtschaft

Es ist bereits verschiedentlich angeklungen, dass Techno nicht nur Musik ist, sondern einen ganzen Lebensbereich umfasst. Innerhalb weniger Jahre ist Techno zu einem blühenden Wirtschaftszweig geworden. Musik-, Mode-, Food- und Zubehörproduzenten bevölkern den neuen Markt. Zumeist sind es kleine Firmen, die neue Trends setzen und sich so einen Namen machen. Erstaunlich ist, wie schnell die großen Firmen auf den Wagen aufgesprungen sind. Während es früher Jahre brauchte, bis Elemente der Jugendbewegung in der Gesellschaft auftauchten, ist diese Zwischenzeit fast ganz verschwunden. In allen Bereichen sind die Einflüsse von Techno zu finden: in der Musik, der Geschwindigkeit von Bildschnitten und den futuristischen, technisch orientierten Formen, z.B. bei Autos und HiFi-Anlagen, aber auch bei Küchengeräten und so weiter.

Die Geschwindigkeit der Verbreitung hängt damit zusammen, dass zunehmend mehr Menschen immer länger jung bleiben wollen. Die Jugend dauert heute dem Empfinden nach mindestens bis zum 35. Lebensjahr. Deshalb sind die Marktforscher an den neuen Impulsen der Jugend interessiert, solange sie sich vermarkten lassen. Es werden aber Trends nicht nur aufgegriffen, sondern durch massiven Werbeeinsatz auch erzeugt, ein Beispiel hierfür ist «Graffiti». Bei Graffitis werden die Farben nicht mit Pinseln aufgetragen, sondern aufgesprüht. In den USA hatte sich diese Kunstform in den Armenvierteln verbreitet. Jugendliche besprühten in künstlerischer Form die Wände von Häusern, die Pfeiler von Brücken und U-Bahnwagen. Die Jugendlichen, die in Deutschland begannen, Züge und Wände zu besprühen, waren selber zum größten Teil noch nie in den USA gewesen; sie wurden erst durch Berichte und Werbung im Fernsehen und anderen Medien darauf aufmerksam gemacht. Zum Graffiti gehört aber nicht nur das Sprühen, sondern auch die Kultur der meist farbigen Jugendlichen in den amerikanischen Armenviertel: eine bestimmte Kleidung (Kapuzen-Sweatshirts und Baseballkappen) und die Rap-Musik. Im Zuge der Berichterstattung wurden diese Artikel in Deutschland auf den Markt gebracht. Während es sich in Amerika bei der Kleidung am Anfang noch um billige Massenware handelte, wurde sie bei uns als Modeware vertrieben. Während diese Jugendströmung in den Armenvierteln der USA natürlich gewachsen war, wurde sie hierzulande von Werbestrategen bewusst eingeführt, um neue Märkte zu eröffnen. Dabei besteht der Trick der Webestrategen darin, potentielle Konsumenten zum Nachahmen zu ermuntern, ohne dass sie sich der Nachahmung bewusst sind; vielmehr sollen sie das Gefühl haben, einen eigenen originären Stil zu gestalten.

Andere Konzerne nutzen die Jugendbewegung als Zielgruppe für ihre Produkte, ohne dass ein direkter Zusammenhang besteht. Hauptsächlich sind es Zigarettenfirmen, die ja in Deutschland keine Fernsehwerbung machen dürfen. Ihr Werbeetat ist dadurch aber nicht kleiner, sie sponsern Veranstaltungen und verteilen dort Proben. So finden sich die Logos von Zigarettenfirmen auf vielen Flyern. Auch Sportfirmen nutzen diesen Weg: Bei der Loveparade '95 in Berlin war ein großer Puma über dem Eingang zu einer Diskothek zu sehen.

1990 war Techno noch eine Sache für wenige, heute ist Techno aus der Wirtschaft nicht mehr wegzudenken. Dies hängt natürlich auch mit der enormen Kaufkraft der Jugendlichen zusammen. Das Konsumpotential der 12- bis 21-jährigen wird auf etwa 30 Milliarden Mark pro Jahr geschätzt.[17] Dieses Geld will sich keine Firma entgehen lassen. Deshalb wird die Industrie bemüht sein, die Trends zu verfolgen, aufzugreifen und ihren Vorstellungen entsprechend zu verändern. Das wird ihnen erleichtert durch die Medien, mit deren Hilfe sie einerseits schnell an die Informationen kommen und andererseits die Jugend erreichen und beeinflussen können.

Hier kann man eine der Triebfedern finden, Techno noch möglichst lange zu erhalten: Die Wirtschaft hat ein Interesse daran und wird dafür sorgen, dass die Konsumenten dieses Interesse teilen.

In diesem Zusammenhang steht auch der ganze Bereich der Extremsportarten. Es würde den Rahmen dieser Arbeit sprengen auf alle ihre Aspekte einzugehen, aber es sollen doch kurz einige Gesichtspunkte genannt werden. Extremsport ist in seiner Wirkung auf den menschlichen Organismus mit Techno verwandt. So erlebt jemand, der zum ersten Mal einen Bunjee-Sprung absolviert, einen Adrenalinschock, der im Anschluss zu einer Endorphinausschüttung führt. Dieser Effekt ebbt bei Wiederholung ab, sodass jemand, der nach diesem «Kick» sucht, auf andere Herausforderungen ausweichen muss. Auch diesen Menschen ist die Ursache für ihre Begeisterung oft unbewusst, und sie geraten daher umso leichter in eine Abhängigkeit. Da bei Extremsportarten der Kick nach häufiger Wiederholung ausbleibt, werden immer neue Methoden und Herausforderungen gesucht, um das gewünschte

Ergebnis zu erreichen. Auch in diesem Bereich ist die Industrie bestrebt, die bestehenden Trends aufzugreifen und neue zu schaffen, wobei sie sich vornehmlich an junge Menschen wendet, welche die nötige Kaufkraft besitzen, sich die ausgefallenen Abenteuer zu leisten. Es bleibt abzuwarten, welche neuen «Sportarten» in der Zukunft noch entwickelt werden.

Warum ist Techno in Deutschland und den Nachbarländern so verbreitet?

Aus dem Dargestellten kann man ersehen, dass gerade in Deutschland ideale Bedingungen für Techno herrschen. Techno spricht natürlich jeden Jugendlichen potentiell an (siehe oben), aber es ist die Frage, ob er die nötige Zeit und das nötige Geld hat, um sich Techno zu leisten. Gerade Deutschland ist geprägt von einer Freizeitkultur in Verbindung mit den notwendigen finanziellen Mitteln für eine profitable Vermarktung. Und Techno als Jugendbewegung baut nur in Deutschland in direkter Linie auf die früheren Jugendbewegungen auf. So ist auch zu verstehen, dass sich Techno in verschiedenen Ländern verschieden ausprägt, z.B. als «Jungle» in England, wo sich Elemente von Reggae und Rap[18] mit Techno mischen. Jungle entstand bei den farbigen Jugendlichen und beschäftigt sich mit ihren Problemen, bekommt also eine politische Dimension, ähnlich wie der Rap aus den amerikanischen Ghettos. Der politische Impuls rührt auch daher, dass die Jugendlichen so mit dem Alltag konfrontiert sind, dass sie sich ihm nicht vollends entziehen können oder wenn, nur mit anderen Mitteln. So werden in den Ghettos vorzugsweise andere, härtere Drogen konsumiert, z.B. «Crack».[19]

Techno und Sprache

Die Sprache spielt bei Techno eine untergeordnete, meist gar keine Rolle. In den Anfängen fanden sich noch Texte oder Textzeilen, sie sind heute fast gänzlich verschwunden. Anders ist das beim Dancefloor, der meist mit eingängigen Texten arbeitet. Die Eingängigkeit wird durch Kürze und Wiederholung erreicht. Auch bei den Ravern rückt die Sprache in den Hintergrund, nicht nur weil man sich auf den Raves wegen der Lautstärke nicht unterhalten kann, sondern weil überhaupt kein großes Bedürfnis besteht, sich sprachlich auseinanderzusetzen. Die Sprache der Raver ist geprägt von Abkürzungen, Fremdwörtern und Formeln. Die Sprache wird in diesem Fall nur noch zum schnellen Austausch von Informationen benutzt, nicht mehr zur wirklichen Begegnung mit einem anderen Menschen.[20] Diese Reduzierung kann sich steigern bis zu einer Gesprächsunfähigkeit. Ein wirkliches Gespräch gehört zur «Real world» und ist damit stressig; das gilt es zu vermeiden. Während die Jugend der Achtziger sich noch in endlosen Diskussionen erging, übt man heute «Toleranz». Man will nicht überzeugt werden, und es versteht einen eh keiner! Warum also diskutieren, da es den anderen ja ebenso geht? Auch diese Tendenz ist nicht neu, alle Jugendbewegungen hatten ihren Sprachkodex, aber durch ihre Orientierung nach außen waren sie immer noch bemüht, ihre Inhalte zu vermitteln. Dieser Wille fehlt bei den Ravern. Wenn man mit ihnen darüber reden will, heißt es: «Das muss man erleben, das kann man nicht ausdrücken.»

Techno und Gewalt

Noch nie war eine Jugend so friedlich! Handgreifliche Auseinandersetzungen sind bei Raves die absolute Ausnahme, auch gibt es keine mutwilligen Sachbeschädigungen. Geduldig stehen Raver in der Schlange und warten auf Einlass, und wenn sie nicht rein kommen, fahren sie woanders hin. Aufgrund dieser Tatsache bewerten viele Techno als absolut ungefährlich, abgesehen von der Lautstärke und den Drogen. Die Haltung vieler Behörden und damit auch eines großen Teils der Gesellschaft ist: «Lasst sie doch ihren Spaß haben, solange sie keinem anderen schaden.» Deshalb wird auch die Loveparade mit einer Million Besuchern nicht nur toleriert sondern gefördert – im Gegensatz zu den «Chaostagen»[21] der Punker mit 1 000 Teilnehmern, die 1995 zeitgleich in Bremen stattfanden. Die Stadt Berlin trägt bei der Loveparade die Kosten für die Straßenreinigung und die Polizeikräfte; diese Kosten beliefen sich 1996 auf über 100 000 DM. Gerechtfertigt wurde die Übernahme durch Mehreinnahmen der Berliner Geschäfte und Hotels, die für diesen Tag auf über 100 Millionen DM geschätzt wurden.

Auch für die Gewaltlosigkeit liegt die Ursache hier in der «Toleranz»: Ich will meinen Spaß, der andere stört mich nicht und wenn doch, geh ich woanders hin.

Techno und Sexualität

Betrachtet man die Besucher eines Raves, so kann einen das «Zur-Schau-Stellen» der Körperlichkeit erschrecken. Gerade die Kleidung der Mädchen ist körperbetont und eng geschnitten. Unterstrichen wird dies durch den Tanzstil; das rhythmische Bewegen des ganzen Körpers kann auf den Betrachter erotisch bis anbiedernd wirken. Viele Techno-Discotheken bieten Podeste, auf denen sich Einzelne zur Schau stellen können, sie tanzen über den Köpfen der Masse und versuchen, diese durch ihren Körper und ihre Bewegungen zu beeindrucken.

Man könnte vermuten, dass die Sexualität eine große Rolle bei den Ravern spielt. Aber der Schein trügt. Gerade Mädchen sind begeistert davon, dass sie auf Raves nicht «angebaggert» werden, obwohl sie so freizügig herumlaufen. Soziologen sprechen sogar davon, dass es noch nie so wenig Sex unter den Jugendlichen gegeben habe wie bei den Ravern. Dafür gibt es verschiedene Ursachen:

Zum einen fehlt es, wie oben geschildert, an der Kommunikation. Man geht nicht auf Raves, um Leute kennenzulernen, sondern um seinen Spaß zu haben.

Zum anderen will man *sich* erleben. Man berauscht sich an der Musik und der Bewegung, und wer den Trancezustand erreicht hat, nimmt die anderen nicht mehr wahr und hat auch kein Interesse an ihnen. Es entsteht ein reiner Narzissmus, der auch die freizügige Bekleidung erklärt.

Als weiterer Faktor kommt hinzu, dass nach einem langen Rave die Kräfte nicht mehr reichen und man nur noch nach Hause will, um sich auszuspannen, ein Wunsch, der durch die Drogen verstärkt wird.

Eine Ausnahme hierbei ist Ecstasy, es kann im Einzelfall die Lust an Berührungen und den Hang zur Sexualität steigern. Kommt es zu Kontakten, sind diese meistens kurz und bleiben auf der triebhaften Ebene. Nur selten führen sie zu einer längeren Beziehung, denn diese wäre mit Auseinandersetzung verbunden und würde die persönliche Freiheit hemmen. Ein Großteil der Raver sind Singles, die ernsthafte Beziehungsprobleme auch auf der sexuellen Ebene haben.

Ist Techno nur negativ?

Ja und nein. Insofern Techno an sich Menschen manipuliert und damit in die Unfreiheit führt, ist er negativ. Man darf aber nicht vergessen, dass der Entschluss, einen Rave zu besuchen, die Entscheidung des Einzelnen ist. Aus sich heraus könnte Techno nicht zum Massenphänomen werden. Nur durch die Tatsache, dass unter den Jugendlichen Bedürfnisse vorhanden sind, die zur Zeit scheinbar nicht anders befriedigt werden können, ist Techno als Massenphänomen zu verstehen. Diese Bedürfnisse sind nicht negativ, sondern im Gegenteil als Impulse einer neuen Generation durchweg positiv. Es kann also nicht darum gehen, Techno zu verbieten! Vielmehr muss man sich fragen: Was müssen wir den Jugendlichen anbieten, damit sie Ihre Bedürfnisse in zeitgemäßer Weise wirklich befriedigen können? Um diese Frage beantworten zu können, muss man erst in den Phänomenen nach den berechtigten Bedürfnissen suchen. Was kann man also unter diesem Gesichtspunkt finden?

Zum einen bietet Techno dem Jugendlichen die Möglichkeit, die körperlich erlebte Schwere und Unbeholfenheit wenigstens zeitweise zu überwinden. Dagegen ist überhaupt nichts einzuwenden, denn dies kann ein Ansporn dafür sein, auch im Alltag eine Harmonie mit dem Körper herzustellen. Jede Jugendbewegung hat nach Wegen gesucht, sich auszutoben. Es ist nicht verwunderlich, dass die Jugend der neunziger Jahre in der technisierten westlichen Welt dafür technische Hilfsmittel benutzt. Man sollte sich also fragen: Wie kann man Freiräume schaffen, in denen sich die Jugendlichen austoben können (durchaus mit technischen Hilfsmitteln), ohne in ihrer Freiheit beeinträchtigt zu werden. Dies ist zur Zeit in den «normalen» Discotheken, wo Dancefloor gespielt wird, möglich.

Zum anderen birgt der Satz «Wir wollen nichts bewegen außer uns selbst» noch eine andere als die bisher geschilderte Seite in sich. Ich hatte dargestellt, dass dieser Satz verbunden ist mit einer Suche nach Gegenwärtigkeit. Der Augenblick wird wichtig, die Vergangenheit und die Zukunft werden zurückgedrängt. Dieses Motiv findet sich in jedem Schulungsweg, auch dem anthroposophischen. Jede Meditation hat als erstes Ziel, ganz in die Gegenwart zu kommen, die Gedanken aus ihrem Strom zu lösen und so Platz zu schaffen für etwas Neues. Im anthroposophischen Schulungsweg soll diese Haltung zu einer Fähigkeit werden, die sich im

Alltag als Geistesgegenwart äußert. Aber üben muss diese Haltung jeder für sich.

Man sollte gerade letzteren Impuls sehr ernst nehmen, denn er ist in der ganzen Jugend (nicht nur bei Ravern) zu finden und zeigt, dass die neue Generation wirklich im Zeitalter der Bewusstseinsseele steht. Und gerade zur Bewusstseinsseele gehört die individuelle Freiheit. Es ist durchaus möglich, dass der Einzelne sich in dieser positiven Weise mit Techno verbindet und in seinem weiteren Lebensgang die Impulse fruchtbar umsetzen kann.

Andererseits birgt Techno viele Momente in sich, die diese Impulse korrumpieren. Niemand in der Techno-Bewegung weist darauf hin, dass es darum geht, geschweige denn, wie es zu bewerkstelligen ist, das Erlebte zu metamorphosieren und aufs alltägliche Leben zu übertragen. Techno wird zur bleibenden Scheinwelt, wenn der Besucher nicht Eigenes hinzufügt und das so Erworbene aufs Leben überträgt. – Auch sonst wird den Jugendlichen fast nirgends etwas angeboten, was dem Bedürfnis nach geistiger Entwicklung entgegenkommt. Nicht zuletzt durch die zunehmende Isoliertheit des Einzelnen, zu der auch die «Liberalität» der Eltern beiträgt, wird verhindert, dass es zu einem Austausch über die Möglichkeiten der Selbstfindung und -schulung kommt. Alles was mit Bewusstseinsentwicklung zu tun hat, liegt in der Verantwortung des Einzelnen, was ja auch berechtigt ist. Aber die Selbstbezogenheit hat dazu geführt, dass man nicht darüber spricht, schon gar nicht mit Kindern und Jugendlichen. Dabei sind diese oft weiter als die Erwachsenen, die sich so manches mühevoll erarbeiten mussten, was die neue Generation als Fähigkeiten schon mitbringt. Die liberale Haltung der Eltern und Erzieher ist mit der Toleranz der Raver vergleichbar. Sie ist genauso unwahr! Man will sich nicht einmischen, weil man seine Ruhe haben will. Das hat aber zur Folge, dass die Kinder heute nicht mehr erzogen werden. Es fehlen die Widerstände, an denen sie reifen können. Hinzu kommt, dass die Liberalität das Konsumverhalten fördert. Wer schon sein kleines Kind vor Entscheidungen stellt – z.B. «Willst du Eis haben oder einen Hamburger?» –, darf sich nicht wundern, wenn dieses Kind später nur das tut, was ihm Spaß macht, und somit jeder Anstrengung aus dem Weg geht. Wer nie erfahren hat, dass er innerlich stärker wird, wenn er sich etwas erarbeitet hat, wird nie die Notwendigkeit erleben, sich Konflikten zu stellen. Er wird immer den Weg des geringsten Widerstandes gehen. Und wenn die Welt voller Widerstände ist, wird er sich eine Scheinwelt aufbauen. Da heute verschiedene Scheinwelten angeboten werden, ist auch dies ohne größere Anstrengung möglich.

Wer verhindern will, dass Jugendliche in einer Scheinwelt wie Techno gefangen werden, muss ihnen vorleben, dass es lohnt, sich für etwas einzusetzen, auch wenn es anstrengend ist, und er muss sich selber treu bleiben und dadurch Widerstände bieten. Dabei muss der Heranwachsende erleben, dass ihm Interesse entgegengebracht wird. Die Regeln, die ihm entgegengebracht werden und an denen er sich stößt, dürfen nicht willkürlich sein, sondern er muss, wenn er sich damit auseinandersetzt, zu der Erkenntnis kommen können, dass sie berechtigt sind. Dies geschieht mitunter erst Jahre später, aber wer einen solchen Moment erleben durfte, weiß, welche Kraft eine solche Erkenntnis in sich birgt.

Geisteswissenschaftliche Überlegungen

Ich möchte an dieser Stelle meine Gedanken zu den geistigen Kräften, die sich im Techno ausdrücken, äußern.

Techno-Musik ist nur mit Hilfe technischer Mittel zu erzeugen. Während bei der E-Gitarre oder vergleichbaren Instrumenten der Klang in elektrische Impulse umgewandelt wird, werden bei Techno alle Klänge digitalisiert oder digital erzeugt. Techno ist also ohne Computer nicht möglich. Die Musik entsteht im Computer und entstammt damit dem Bereich der binären Logik. Binäre Logik zeichnet sich aus durch ihre Reduktion (ja – nein, 1 – 0), darin liegt auch ihre Kraft. Sie hat etwas Bestechendes in ihrer Einfachheit. Was ihr fehlt, ist die verbindende Mitte, das «auch» und das «oder», was das Denken lebendig macht und zu höheren Bereichen (Imagination) führt. Rudolf Steiner bezeichnet die Macht, die hinter der Reduktion und Verfestigung in der Welt steht, als ahrimanische[22], weshalb man die binäre Logik auch als ahrimanische Logik bezeichnen kann. Der ahrimanischen Logik fehlt die Lebendigkeit, sie ist tot und damit mechanisch, deshalb können Maschinen diese Logik reproduzieren. Hierin offenbart sich ein Grundsatz der ahrimanischen Wesenheit: Sie versucht, alles in das Tote, rein Physische zu bringen und so den Menschen vom Kosmos und den höheren Hierarchien zu trennen. Das Wirken Ahrimans kommt auch in der Musik selber zum Ausdruck, im reinen Takt und den permanenten Wiederholungen.

Auch die Wirkung der Musik im Menschen spiegelt das Wesen Ahrimans wider. Die durch die Musik erzeugte Wachheit entsteht dadurch, dass das Fühlen und das «Ich» des Menschen ganz ins Physische gezogen und damit mechanisiert werden, was auch in den Bewegungen zum Ausdruck kommt («abzappeln»). Das hat Auswirkungen auf das Denken: Es wird mechanisch und von mechanistischen Vorstellungen geprägt. Der Mensch erlebt sich im Denken, Fühlen und Wollen bzw. Handeln als Maschine. Und so wie man einer Maschine von außen den notwendigen Treibstoff zuführt, so auch der «Maschine Mensch», und zwar in Form von chemischen Stoffen, um den Körper leistungsfähiger zu machen. Diese Stoffe verstärken wiederum den Prozess auf ihre Weise.

Bei Techno arbeitet Ahriman indessen nicht allein. Auch eine weitere Gegenmacht hat ihre Finger im Spiel: Luzifer, der den Menschen von der Realität trennen will, indem er ihm allerlei Illusionen vorgaukelt, z.B. indem er dem Raver vortäuscht, dass er frei sei, obwohl er sich in der Masse nach der von außen kommenden Musik zwanghaft bewegen muss. Auch alle Illusionen über sich und den anderen und die Illusion der Toleranz haben in Luzifer ihren Ursprung. – Wenn der Tänzer den Trance-Zustand erreicht, löst sich das Ich aus dem Körper. Da das Fühlen, der «Astralleib» (zu den Fachtermini siehe das Kapitel «Die Wesensglieder des Menschen», S. 137ff.), an den physischen Leib gebunden bleibt, schläft der Mensch nicht ein. (Beim normalen Schlaf trennen sich Ich und Astralleib zusammen aus dem von Leben durchzogenen physischen Leib; da der Mensch während seines irdischen Daseins diesen physischen Leib als eine Art Spiegel braucht, um sich seiner selbst bewusst zu werden, erlischt das Bewusstsein im Schlaf, und auch die Emotionen spielen höchstens als Träume in die Übergangsphasen hinein.) Das Ich entschwebt, aber nicht in die Bereiche, die es während des normalen Schlafes erreicht; es scheint, als könne es nur bis in die Sphäre Luzifers vordringen, bleibe dort hängen und werde mit luziferischen Ideen gleichsam geimpft. Das Erleben im Trance-Zustand bleibt daher auch dumpf und führt nicht zu Schauungen höherer Wirklichkeiten, wie dies etwa bei den Trance-Zuständen der Schamanen der Fall ist. Dennoch wird es verändert, denn der Raver wird durch das Erleben dieser Zustände ein anderer. – Man kann also erleben, wie Ahriman und Luzifer zusammenwirken.

Der Geistesforscher Rudolf Steiner schildert, wie sich hinter dem Zusammenwirken von Ahriman und Luzifer die Sorat-Wesenheit verbirgt. Diese greift in einem Rhythmus von 666 Jahren in die Menschheitsentwicklung ein, wobei jeweils die Wirkung sich vorbereitet, zu ihrem Höhepunkt gelangt und dann wieder abklingt. 1998 ist ein solcher Höhepunkt. Techno scheint eines der Phänomene zu sein, in denen man die sich steigernde Wirkung der Sorat-Wesenheit erleben kann – zumal Techno erst zu Beginn der neunziger Jahre sich auszubreiten begann und wir gerade heute erleben können, wie diese Ausbreitung immer mehr zunimmt und offenbar noch nicht an ihrem Höhepunkt angelangt ist.

Es hatte sich gezeigt, dass Sprache und Sexualität in der Techno-Bewegung in den Hintergrund treten. Es stellt sich also die Frage, was mit diesen Kräften geschieht, die doch in jedem Menschen vorhanden sind.

Ich kann diese Frage zu diesem Zeitpunkt noch nicht endgültig beantworten. Deshalb möchte ich hier nur eine Spur vorzeichnen, die zu einer Antwort führen könnte. Ich hatte oben (S. 27) die Subbaßfrequenzen erwähnt. Diese sind physisch nur indirekt wahrnehmbar. Sie kommen aus einer Sphäre, die unter dem Physischen liegt, dem «Unterphysischen», im Gegensatz zum Geistigen, das über dem Physischen ist. Der Unterschied zwischen geistigen und unterphysischen Kräften liegt darin, dass für die unterphysischen Kräfte physische Maßstäbe gelten, obwohl sie selbst nicht physischer Natur sind. So gehört die Elektrizität ursprünglich zu den Ätherkräften, unterliegt aber physischen Gesetzmäßigkeiten, da an einem Ort nur eine entweder positive oder negative Spannung sein kann, wohingegen sich geistige Kräfte durchdringen können.

Diese unterphysischen Kräfte sind verantwortlich dafür, dass der Astralleib an das Physische gefesselt wird und das Ich entschwebt. Sie scheinen in ihrer Stärke so gewaltig zu sein, dass sie die astralen Sprach- und Sexualkräfte bis ins Unterphysische zu ziehen vermögen und den dortigen Wesenheiten zur Verfügung stellen. Ein anderer Teil der Kräfte scheint mit dem Ich in die Sphäre Luzifers gehoben und diesen Wesenheiten zur Verfügung gestellt zu werden. Die Ätherkräfte der Sprache und Sexualorgane werden an den Körper gebunden und zur Regeneration während und nach dem Rave gebraucht. Während eines Raves finden im Körper nur Abbauprozesse statt, diese äußern sich zum Beispiel in dem hohen Flüssigkeitsverlust, den der Organismus ausgleichen muss. Hierfür werden Ätherkräfte gebraucht, die sonst anderweitig genutzt werden können, zum Beispiel zum Denken und zum Sprechen. Der Raver opfert also aus «freien» Stücken unbewusst einen Teil seines Selbst den Gegenmächten, denn der Einzelne betritt aus freiem Entschluss einen Rave und zahlt – nicht nur mit Geld. Er wird von Ahriman und Luzifer beeinflusst und zahlt mit eigenen Kräften, die wiederum von diesen und anderen Wesenheiten gegen die Menschheit genutzt werden können.

Raves bilden demnach eine Stelle, an welcher die Gegenmächte in die Seelen der jungen Menschen einbrechen können – einer Jugend, die mit hohen geistigen Impulsen auf die Erde gekommen ist. Denn hinter ihren Idealen ist der Christus-Impuls deutlich zu erkennen: der freie Mensch, der aus sich heraus mit allen Menschen unabhängig von Rasse und Religion eine große Gemeinschaft bilden möchte. Gerade deshalb ist es verständlich, dass die Gegenmächte ihre Aufmerksamkeit auf diese Jugend richten und an die Stelle des freien, sich seiner selbst bewussten Menschen ein Zerrbild setzen möchten. Gerade deshalb sollte es ein Anliegen aller die Jugend begleitenden Menschen sein, nach Wegen zu suchen, dem in ihr lebenden Impuls zu seiner Umsetzung in einem positiven und damit produktiven Sinne zu verhelfen.

«Die Vereinigung von Mensch und Maschine»

Im vorangehenden Kapitel hatte ich angesprochen, dass die Techno-Musik entstanden ist aus der Frage nach der Vereinigung von Mensch und Maschine. Diese Frage tauchte Ende der sechziger Jahre im Zusammenhang mit der Computerentwicklung auf. Die gesamte Techno-Bewegung wäre ohne Computer nicht denkbar, und gleichzeitig ist es die Techno-Kultur, die das Machinenbewusstsein immer mehr etabliert.

Am Anfang waren die Computer reine Rechenmaschinen, die dem Menschen Arbeit abnahmen; zu dieser Zeit waren sie so groß und anfällig, dass sie in speziellen, klimatisierten Räumen untergebracht werden mussten und nur wenige Menschen mit ihnen in Berührung kamen. In den sechziger Jahren konnte man «Rechnerzeit» mieten, um eigene Programme zu schreiben und die Möglichkeiten der Computer zu erkunden. Menschen wie Bill Gates nahmen als Kinder diese Möglichkeit in Anspruch. Sie waren es auch, die die Möglichkeiten der Computer entdeckten. So entstand in den sechziger Jahre die Idee, mit Hilfe von Computern eine künstliche Intelligenz zu schaffen. Im allgemeinen wurde dies damals für eine Utopie gehalten.

Ende der siebziger Jahre entstanden die ersten PCs (Personal Computer, engl.: Persönliche bzw. Private Computer). Dadurch bekamen immer mehr Menschen einen Zugang zu Computern. Gleichzeitig wurde das Spektrum der Anwendungen immer größer, der Computer war längst keine reine Rechenmaschine mehr, neben Rechenprogrammen entstanden Textverarbeitungs- und Zeichenprogramme. Gleichzeitig wurden auch die ersten Computerspiele und -spielzeuge für Kinder entwickelt und vermarktet.

Während für Erwachsene der Computer «nur eine Maschine» war, stellte sich für Kinder die Frage, inwieweit das neue Spielzeug lebendig ist. Sie erlebten, dass der Computer auf ihre Eingaben reagierte und sie mitunter mit seinen Reaktionen überraschte. Kinder kamen und kommen zu einer Vielzahl von Definitionen für Computer. Generell sprechen sie dem Computer ab, lebendig zu sein, aber sie beschreiben ihn mit psychologischen Eigenschaften. Häufig finden sich Aussagen wie: «Ich glaube, er (der Computer) schummelt, aber er weiß nicht, dass er schummelt.» – «Der Computer ist ein wenig lebendig, wenn er an ist, aber er hat keine Gefühle wie wir Menschen.» – «Ich frage mich, was im Computer passiert, wenn ich ihn ausschalte. Ich glaube, er schläft dann, aber ich glaube nicht, dass er träumt.»[23] Im Laufe der Zeit, einhergehend mit der weiteren Entwicklung und Verbreitung der Computer, hat sich diese Haltung ausgeweitet; heute sind es nicht nur die Kinder, die das gekennzeichnete Verhältnis zum Computer haben, auch die Erwachsenen tendieren mehr und mehr dazu. Natürlich sagt jeder, wenn er gefragt wird, ob der Computer lebendig sei: «Nein, das ist doch nur eine Maschine.» Aber wenn man über spezielle Programme und Anwendungen spricht, zeigt sich bei der Mehrheit der Benutzer ein ambivalentes Verhältnis. Obwohl der Computer nur eine Maschine ist, werden ihm menschliche Eigenschaften zugesprochen. Gerade durch die Entwicklung und Verbreitung von Simulationsprogrammen und sogenannten lernfähigen Programmen hat sich diese Haltung weiter verbreitet. Ich möchte jeden Leser, der über einen Computer verfügt und ihn benutzt, bitten, kurz darüber nachzudenken, ob und mit welchen Eigenschaften er seinen Computer beschreibt.

Parallel zu der eben geschilderten Entwicklung hat die Computertechnik in Form ihrer Begriffe in Psychologie und Medizin Einzug gehalten. So wurden das Gehirn und die Denkprozesse des Menschen immer häufiger mit dem Computer verglichen. Das Gedächtnis ist wie eine «Festplatte», das Kurzzeitgedächtnis wie ein «Arbeitsspeicher», durch die Vererbung sind wir mit «unlöschbaren Programmen» (ROM, read only memory, engl.: «lies nur den Speicher») versehen, die unsere Handlungsabläufe bestimmen (entsprechend dem «Prozessor»), und durch die Erziehung und die anderen Umwelteinflüsse werden wir in der Kindheit programmiert; diese «Programme» können später, z.B. durch eine Therapie, verändert werden. Die Auflistung ließe sich noch fortsetzen.

Verfolgt man diese Entwicklung, so muss man feststellen, dass nicht nur in der Techno-Bewegung, wo die Vereinigung von Mensch und Maschine zum Ideal erhoben wurde, sondern ganz generell sich diese Vereinigung vollzieht. Der Computer wird zunehmend vermenschlicht und der Mensch zunehmend «vermaschinalisiert». So ist für viele Menschen die Frage, ob künstliche Intelligenz möglich sei, nicht mehr eine Frage der generellen Machbarkeit, sondern nur noch eine Frage der Zeit. Durch diese Entwicklung steht aber der Einzelne zunehmend vor der Frage, was ihn vom Computer unterscheidet, denn keiner kann sich mit dem Gedanken abfinden, ein programmierter und damit unfreier Biocomputer zu sein. So kommt es dazu, dass gerade die Fähigkeit des Menschen, Gefühle zu haben und Handlungsmuster zu durchbrechen, in das Bewusstsein der Menschen tritt.

Zur Zeit leben wir in der Phase des Umbruchs. Zum einen wirken noch immer die oben geschilderten Prozesse, die den Menschen vermaschinalisieren, zum anderen fangen immer mehr Menschen an, das Menschsein neu zu definieren. Ein Beispiel hierfür ist Howard Gardner, der in seinem Buch *Abschied vom IQ* [24] eine «Rahmentheorie der vielfachen Intelligenzen» liefert und damit den alten Intelligenzbegriff, der sich nur auf die logische Verarbeitung von Informationen bezieht, auflöst und erweitert. In seinem Buch entwickelt er sechs verschiedene Formen von Intelligenz: die linguistische, die musikalische, die logisch-mathematische, die räumliche, die körperlich-kinästhetische und die personale Intelligenz. Dabei wird deutlich, dass der Computer nur einen Teil dieser Intelligenzen simulieren kann, weshalb nie mit Hilfe von Computern eine künstliche Intelligenz im Sinne eines künstlichen Menschen geschaffen werden kann.

In den weiteren Kapiteln werde ich mich mit einzelnen Bereichen der Computerentwicklung beschäftigen, um ihre besonderen Aspekte herauszuarbeiten. Ich hoffe, dass durch das bisher Dargestellte deutlich wurde, warum die Auseinandersetzung mit der Computertechnik mit dem Thema Techno verbunden ist und warum es alle Menschen angeht, denn jeder von uns steht – bewusst oder unbewusst – in dieser Auseinandersetzung.

Computerspiele, der erste Zugang
in die «neue Welt»

Für viele Kinder und Jugendliche bilden Computerspiele den ersten Zugang zu dem neuen Medium, meistens in Form von reinen Spielecomputern wie den «Playstations» oder dem «Gameboy». Mit diesen Geräten können nur die angebotenen Spiele gespielt werden, sie sind deshalb auch recht preisgünstig im Verhältnis zu PCs. Hinzu kommt, dass sie keinerlei Kenntnisse im Umgang mit Computerprogrammen erfordern. Sie funktionieren nach dem «Plug and Play»-Prinzip (engl.: einstecken und spielen). Nach einiger Zeit entsteht in den Kindern natürlich der Wunsch, einen PC zu besitzen, der ihnen neben der größeren Auswahl von Spielen auch andere neue Möglichkeiten eröffnet. Zur Erfüllung dieses Wunsches kommen den Kindern die Argumente der Hersteller sehr entgegen: der Computer als multimediale interaktive Bildungseinrichtung.

Die Geschichte der Computerspiele

Zwei Länder sind maßgeblich an der Entwicklung von Computern beteiligt, die USA und Japan. Sie bilden die Geburtsstätten der modernen Computer und haben jeweils auf ihre Art für die Verbreitung derselben gesorgt. Dabei fällt auf, dass in der Entwicklung die jeweiligen kulturellen Unterschiede zum Tragen kommen. Die japanische Kultur ist in gewissem Sinne bildhaft orientiert, was zum Beispiel in der verwendeten Schrift zum Ausdruck kommt. Die japanischen Schriftzeichen haben immer noch einen symbolhaften Wert. Um eine Zeitung lesen zu können, muss man mehrere Tausend Schriftzeichen beherrschen. Bis heute gibt es keine ausreichenden japanischen Textverarbeitungsprogramme. Die Japaner müssen beim Programmieren auf die üblichen Schriftzeichen zurückgreifen. So verwundert es nicht, dass die ersten Computerspiele aus Japan kamen und auch heute noch die größten Spiele-Hersteller in Japan ansässig sind (z.B. Nintendo und Sony). Dabei kommen aus Japan hauptsächlich reine Grafikspiele, die sich weltweit vermarkten lassen. In den USA waren die Computer dagegen von Anfang an textorientiert, weshalb auch die ersten textorientierten «Adventure-Spiele» dort entstanden sind, genauso wie das Internet, das erst in den letzten Jahren zunehmend Grafiken enthält.

Die Computerspiele haben von Anfang an zu der weltweiten Verbreitung von Computern beigetragen, wie der folgende kurze geschichtliche Abriss zeigen soll.

Am Ende der siebziger Jahre verbreiteten sich die computergestützten Videospiele in Spielhallen und vor Kinos. Es waren Spiele mit einfacher Grafik, bei denen der Spieler mit einem «Joystick»[25] eine Figur steuerte und Raumschiffe abschoss («Space Invaders») oder Punkte in einem Labyrinth auffraß («Pacman»). Obwohl die Spiele in ihrer Gestaltung sehr einfach waren, wurden sie von Kindern und Jugendlichen begeistert gespielt. Die Spiele-Industrie griff diese Nachfrage auf und entwickelte immer mehr Videospiele. Ihr Bestreben ging dahin, die Geräte zu verkleinern, um sie an private Kunden verkaufen zu können. Daraus entstanden die sogenannten «Konsolenspiele». Sie bestehen aus einer Recheneinheit mit Schnittstellen, die an den Fernseher angeschlossen wurden; die einzelnen Spiele sind auf Chipkarten gespeichert, welche für jedes neue Spiel gewechselt werden müssen; dadurch sind sie nicht kopierbar.

Derartige Konsolenspiele gibt es auch heute noch. Die bekanntesten sind von Nintendo. Nintendo erfand auch den «Gameboy», der einen eingebauten LCD-Monitor hat. Aus der Entwicklung der Konsolenspiele entstanden aber auch die ersten marktfähigen Computer für den Heimbereich, so zum Beispiel der Commodore C64. Er war für damalige Verhältnisse sehr preisgünstig, zumal auch er an den normalen Fernseher angeschlossen wurde und deshalb keinen speziellen Monitor brauchte.

Der C64 war als Spiele-Computer ausgelegt. Die Programme waren in BASIC (Beginner's All-purpose Symbolic Instruction Code) geschrieben. BASIC ist eine sehr einfach aufgebaute Programmsprache, weshalb auch die Möglichkeit der Programme, die in dieser Sprache geschrieben werden können, beschränkt ist. BASIC war aber gerade wegen seiner Einfachheit für den Hausgebrauch geeignet, denn auch ein Laie konnte diese Programmsprache relativ schnell erlernen und kleine einfache Programme selber schreiben. Viele der heutigen Programmierer haben auf dem C64 ihre ersten Erfahrungen gesammelt.

Da die Computerbausteine (Prozessoren und Speichermedien) immer kleiner und leistungsfähiger wurden, stiegen die Möglichkeiten, dem Privatkunden leistungsfähigere Programme anzubieten; gleichzeitig sanken die Preise, da immer mehr Anbieter auf den neuen Markt drängten. Richtungweisend für die Ansprüche der Kunden blieben die Spielgeräte in den Spielhallen. Die Spiele wurden immer bunter und aufwendiger, bald tauchten die ersten «Vektorgrafiken» auf, die einen räumlichen Eindruck vermittelten. Commodore strebte an, derartige Spiele auch für den Kunden nutzbar zu machen, eigentlich in Form einer neuen «Konsole».

Für die angestrebte Qualität der Grafik reichte aber der normale Fernseher nicht mehr aus, sondern man brauchte einen speziellen Monitor mit höherer Auflösung. Des weiteren wurden sehr schnelle Prozessoren benötigt, um einen flüssigen Ablauf der Grafiken zu erreichen. So entstand der «Amiga», ein Computer, der speziell auf Grafik und Sound ausgelegt war, aber auch Anwenderprogramme (z.B. Textverarbeitung und Tabellenkalkulation) anbot. Mit dieser Kombination richtete sich Commodore vorrangig an Jugendliche, aber auch an Menschen, die beruflich mit Grafik und Sound arbeiteten. Parallel zu dieser Entwicklung kamen die PCs (Personal Computer) auf den Markt, die aber speziell für Anwenderprogramme ausgelegt waren und keine so gute Grafik in der Grundausstattung hatten. Um ein ähnlich gutes Ergebnis zu erreichen wie beim Amiga, musste der PC aufgerüstet werden, was für den Privatkunden damals nicht erschwinglich war. Die ersten Computermanipulationen in Filmen wurden auf Amiga-Computern erstellt, und einige Popgruppen nutzten den Amiga als Instrument. Schon bald gab es eine Fülle von Spielen und es kamen neue Gruppen von Spielen hinzu. Die ersten Spiele waren allesamt Geschicklichkeitsspiele, hinzu kamen jetzt Abenteuerspiele, Rollenspiele und Simulationsspiele. Die neueste Gruppe bilden die sogenannten «Edutainment»-Programme; das Wort «Edutainment» ist zusammengesetzt aus Education und Entertainment (Erziehung und Unterhaltung).

Mittlerweile hatten die PCs den Standard des Amiga übertroffen (im Preis/Leistungs-Verhältnis), was dazu führte, dass Commodore 1995 Konkurs anmelden musste. Die Ursache hierfür lag in der eigenen Programmiersprache, die Commodore benutzte, sodass die mittlerweile üblichen Anwendungsprogramme nicht auf dem Amiga benutzt werden konnten.

1995 war in zweierlei Hinsicht ein entscheidendes Jahr in der Entwicklung der Computer:

Zum einen in Bezug auf die Hardware[26]. Die Fortschritte, die in diesem Bereich gemacht wurden, drückten sich bis in die Sprache hinein aus; das Wort des Jahres 1995 war «Multimedia», worunter man den Zusammenschluss verschiedener Medien im Computer versteht. Man kann Musik hören, Videos anschauen, Texte verwalten, Bankgeschäfte erledigen und durchs Internet surfen. Wer will, kann seinen Computer auch als Fernseher oder Radio benutzen. Zusammen mit dem Begriff Multimedia wird der Begriff «Interaktiv» gebraucht. Der «User» (engl.: Benutzer) soll jederzeit gestaltend in die Abläufe eingreifen können. Hierbei redet man zur Zeit noch von Möglichkeiten; deshalb deutet das Wort Multimedia in diesem erweiterten Sinne noch auf eine Zukunft, die etwas nebulös ist. Daraus erklärt sich aber auch sein Reiz, denn das Wort verspricht viel und lässt der Phantasie alle Türen offen. Technisch gesehen wurden aber die wichtigsten Voraussetzungen für multifunktionale Computer geschaffen, in einem Preisrahmen, den sich auch der normale Kunde leisten kann. CD-ROM-Laufwerke[27] gehören heute ebenso zur Grundausstattung eines Computers wie die Soundkarte und das Modem, das «die Tür zur Welt»[28] öffnet, wie es so schön heißt.

Zum anderen kam das Programm Windows 95 auf den Markt. Dies bedeutete wirklich eine grundlegende Veränderung für die Zukunft der Computer. Diese Veränderung liegt gar nicht so sehr in den Fähigkeiten des Programms, sondern in den Auswirkungen seines Erscheinens auf dem Computermarkt. Die Firma Microsoft, die das Programm entwickelte, wurde von Bill Gates gegründet, der sie auch heute noch leitet. Er ist durch diese Firma mit seinen vierzig Jahren einer der reichsten Männer der Welt geworden. Nach außen wirkt er eher unscheinbar, stets etwas nervös und eher etwas verunsichert als zielbewusst. Dabei ist er einer der größten Visionäre der Computerbranche. Schon als Zwanzigjähriger plante er die Zukunft der Menschheit. Er träumte von Programmen, die von jedermann einfach zu bedienen sind; er träumte von der Vernetzung aller Computer, sodass die Welt zu einem «globalen Dorf»[29] wird; jeder ist mit jedem verbunden, alle sind vor dem Computer gleich. Aus diesen Ideen heraus schuf er Microsoft, eine Softwarefirma, die anwenderfreundliche Programme herstellt. Schon bald verschaffte er sich einen erheblichen Marktanteil. Aber er träumte weiter, er träumte davon, dass alle Computer seine Programme benutzen.

Zu jener Zeit war die Entwicklung durch die Hardware bestimmt, die Programme passten sich den Angeboten der Hardware an. Dies ist seit Windows 95 anders. Zum ersten Mal bestimmt eine Software den Markt. Windows 95 stellt Ansprüche an den Computer, was dazu führte, dass viele Menschen entweder ihre Computer aufrüsteten oder aber neue Computer kauften, um Windows 95 benutzen zu können. Um dieses Ziel zu erreichen, hat er viel eingesetzt, aber, wie sich zeigt, mit einem guten Gespür für das Machbare. Denn er hat nur zum Teil reale Bedürfnisse aufgegriffen, zum anderen hat er mit einem hohen finanziellen Einsatz Bedürfnisse geschaffen. In den Jahren vor 1995 hat er es geschafft, Microsoft-Programmen den führenden Anteil im PC-Bereich zu erobern, dadurch konnte er 1995 den Spieß umdrehen. Die Werbung für Windows 95 hat mehrere Millionen Dollar verschlungen. So kaufte er die doppelte Auflage der London Times, brachte eine doppelseitige Anzeige auf den Seiten 2 und 3 und ließ die Times am Wochenende vor dem offiziellen Verkaufsbeginn von Windows 95 in England gratis verteilen. Die Verkaufszahlen zeigen, dass sich dieser Einsatz gelohnt hat. Eine direkte Folge von Windows 95 ist eine große Menge Computerschrott und die Existenzsorgen manch anderer Software- und Hardwarefirmen.

Man kann sich nun fragen, was diese Entwicklung mit Computerspielen zu tun hat?

Es gibt nur sehr wenige Menschen, die multimediale Computer für ihre Arbeit brauchen. Für die meisten Menschen bedeutet er eine Erweiterung ihres Freizeitprogramms. Der Visionär Bill Gates schreibt in seinem Buch *Der Weg nach vorn*: «Der PC – seine sich entwickelnde Hardware, die kommerziellen Anwendungen, die Online-Systeme, die Internet-Verbindungen, E-Mail, Multimediatitel, Authoring Tools und Spiele – bildet die Grundlage für die nächste Revolution.»[30] (Die erste Revolution für Bill Gates war die Einführung des PCs). Die wenigsten Menschen nutzen heute die neuen Möglichkeiten, um sich ihre Arbeit zu erleichtern, zum Beispiel das Internet, um Informationen zu erhalten, die sie sich sonst umständlich besorgen müssten.

Nicht umsonst redet man beim Besuch im Internet vom surfen. Dass der «Surfer» das eine oder andere lernt, ist ein positiver Nebeneffekt, aber nicht die Hauptsache; die spielerische Komponente ist viel wichtiger. Deshalb muss man diese neuen Möglichkeiten, zumindest bei den privaten Benutzern, zu einer neuen Art von Computerspielen zählen.

Im folgenden werden die einzelnen Gruppen von Computerspielen näher beschrieben. Dieser Teil ist für all jene gedacht, die bisher noch keine Begegnung mit Computerspielen gehabt haben, jeder andere mag diesen Teil überspringen.

Geschicklichkeitsspiele

Bei den Geschicklichkeitsspielen steht der Spieler einer Aufgabe gegenüber, die er möglichst gut bewältigen muss. Als Belohnung wird das Spiel fortgesetzt, wobei es immer schwieriger wird. Am Ende steht die «Highscore-Liste»[31], in die sich die zehn besten Spieler eintragen dürfen. Was vom Spieler gefordert wird, ist seine Reaktions- und Koordinationsfähigkeit. Mit Hilfe der Tastatur, der Maus oder eines Joysticks steuert er eine Figur auf dem Monitor, dabei kommen ihm vom Programm vorgegebene «Gegner» oder Hindernisse entgegen. Er sieht die Veränderungen auf dem Bildschirm und muss seine Wahrnehmungen in Bewegungen der Hände umsetzen, um den Gegnern auszuweichen, sie zu «vernichten» oder Gegenstände «aufzusammeln». Dabei folgt er stets den unsichtbaren Pfaden der Programmierer.

Ein solches Spiel schult einseitig die oben genannten Fähigkeiten und wird somit schnell zur Routine, zumal sich in seinem Ablauf nichts ändert, da alles vom Programm vorgegeben ist. Wer also die Strukturen des Programms durchschaut, kann den Ablauf vorhersagen. Deshalb kommen immer neue Spiele dieser Art auf den Markt, die sich durch neue Grafik und andere Spielabläufe von den anderen abheben.

Viele sehen den Reiz bei diesen Spielen darin, die Strukturen des Programms zu verstehen; sobald ihnen das gelingt, verlieren sie das Interesse an diesem Programm, selten spielen sie ein solches Spiel zu Ende.

Abenteuer- und Rollenspiele

Auch bei diesen Spielen folgt der Spieler den Pfaden des Programmierers. Diese sind aber nicht so geradlinig wie bei den Geschicklichkeitsspielen, sondern enthalten Verzweigungen und Schleifen. Im Allgemeinen sind diese Spiele durch eine Geschichte geprägt, die in einer anderen Zeit (Vergangenheit oder Zukunft) oder sogar in einer anderen Welt spielt. Der Spieler wird zum Helden dieser Geschichte und muss eine gestellte Aufgabe lösen. Hierzu bedarf es vieler Schritte, und es kommt mehr auf das logische Denken als auf die Koordination der Bewegung an. Nur wer sich ganz in die Spielwelt hineindenkt, kann das Ziel erreichen. Die Spiele lassen sich in zwei Arten gliedern: Die einen laufen über Textkommunikation, was bedeutet, dass der Spieler Befehle eingibt (z.B. «öffne», wenn er vor einer Tür oder Schublade steht). Auf dem Bildschirm erhält er eine Antwort auf seinen Befehl, entweder indem ihm etwas Neues gezeigt oder gesagt wird oder indem er den ernüchternden Kommentar «geht nicht» zu lesen bekommt. Bei der anderen Art von Spielen steuert er mit der Maus einen Pfeil über den Bildschirm; wenn er über etwas fährt, mit dem er etwas machen kann, erscheint ein Schriftzug, der den Gegenstand benennt. Auf einer «Menüleiste» hat er Symbole für verschiedene Aktionen (z.B. ein Auge für «betrachten»). Hierbei entfällt das Eingeben von Befehlen. Bei Gesprächen mit anderen Spielfiguren hat der Spieler mehrere Sätze zur Auswahl, unter denen er einen wählen muss.

Mittlerweile gibt es auch Mischformen, in denen beide Arten zum Tragen kommen.

Simulationsspiele

Die Simulationsspiele bilden mittlerweile wohl die größte Gruppe unter den Computerspielen. Gleichzeitig bilden sie einen Übergang zu den verschiedensten Arten von Programmen. Bevor ich mich den Randbereichen nähere, möchte ich eine generelle Beschreibung liefern. Simulationsspiele imitieren reale Vorgänge auf dem Computer. Am bekanntesten sind die Flugsimulatoren, die auch in der Ausbildung von Piloten zur Anwendung kommen. Dabei werden sowohl die Flugbewegungen und ihre Steuerung als auch strategische Manöver simuliert. Die Spiele sind generell sehr komplex und aufwendig und bedürfen einer großen Rechenleistung, um ihren Namen als Simulationsspiele zu verdienen. Die Bandbreite der Angebote an Simulationsspielen ist recht groß, sie umfasst die verschiedenen Sportarten (Golf, Tennis, Fußball, Skifahren usw.), reale Spielgeräte (Flipper, Billardtische, Dart usw.) und Fahrzeuge (Flugzeuge jeder Art, Autos, Motorräder, U-Boote und Schiffe).

Eine besondere Gruppe sind die Handelssimulationsspiele, welche den Übergang zu den Rollenspielen bilden. Hierbei übernimmt der Spieler die Verantwortung für ein Unternehmen (z.B. eine Kohlenmiene, eine Eisenbahngesellschaft, eine Stadt, ein Königreich, ein Handelskontor im Mittelalter usw.). Er bekommt ein Startkapital und muss sich damit auf dem Markt gegen die Konkurrenz (reale oder simulierte Mitspieler) behaupten. Je aufwendiger die Spiele sind, umso größer ist ihr Reiz. Der Spieler folgt nicht nur den Pfaden des Programmierers, sondern er wird auch mit «Zufälligkeiten» konfrontiert. So unterliegen die Preise für Waren Schwankungen, die zufällig, das heißt per Zufallsprogramm entstehen. Dabei ist im Programm der Rahmen der möglichen Preise vorgegeben (z.B. 150 bis 375 DM); eine Zufallsschleife im Programm berechnet nun einen aktuellen Preis, der dem Spieler angezeigt wird. Hierfür benutzen die meisten Programme das Datum und die Uhrzeit, diese Zahlen werden in eine Formel eingesetzt, aus der sich ein Zahlenwert ergibt, der die Anzeige bestimmt. Wenn die Uhrzeit mit einbezogen wird, verändern sich die Werte auch im Laufe eines Tages. Handelsspiele sind für lange Spielzeiten angelegt und können sich über Wochen und Monate erstrecken, gerade wenn mehrere Spieler beteiligt sind, die strategisch vorgehen, d.h. sich in die Struktur des Programms und die Aufgabe hineindenken. Durch die eingebauten Zufallsschleifen werden diese Spiele auch nie langweilig, da es keine direkte Wiederholung eines Ablaufes gibt.

Den Übergang zu den Anwenderprogrammen bilden die Fahrzeugsimulationen. Sie werden auch in ihrer Entstehung von beiden Seiten beeinflusst: Zum einen werden sie von der Spiele-Industrie geliefert, die Spiele entwickelt, welche dann von Unternehmen für ihre Zwecke aufgenommen werden (so zum Beispiel ein Simulationsprogramm für LKW-Fahrer, das auf einer Erweiterung eines Rennspieles beruht). Oder sie werden von anderen Bereichen entwickelt (Militär, NASA oder Industriekonzernen) und erscheinen später in abgewandelter Form auf dem Spielemarkt (zum Beispiel die Flugsimulatoren für aktuelle Zivil- und Militärflugzeuge).

Bei Programmen dieser Art liegt auch der Übergang zur virtuellen Realität oder dem «Cyberspace» (beide werden in einem gesonderten Kapitel näher behandelt). Die Grundlage für solche Simulationen ist eine 3D-Grafik, die es ermöglicht, Gegenstände (Gebirge, Häuser usw.) aus jedem Blickwinkel zu betrachten; nur so ist eine flüssige Grafik möglich, die den Bewegungen des Spielers folgt und damit eine Scheinrealität vermittelt.

Onlinespiele

Mit der Verbreitung von Online-Diensten (wie zum Beispiel T-Online der Telekom oder Compuserve) bekommen die oben genannten Spielarten eine neue Dimension. Bisher mussten sich mehrere Spieler einen Monitor teilen, entweder indem ein Balken den Monitor in zwei Hälften aufteilte oder zwei Figuren auf dem gleichen Bildausschnitt zu sehen waren. Im ersten Fall wurde das sichtbare Bild oft so klein, dass es anstrengend war, längere Zeit zu spielen; im zweiten Fall mussten die Spieler ihre Aktionen sehr gut koordinieren, oder einer musste ständig am Bildrand auf den anderen warten. Eine dritte Möglichkeit boten sogenannte «link»-Spiele,[32] bei denen mehrere Computer an einem Ort zusammengebracht und mit Kabeln verbunden wurden. So war es mehreren Spielern möglich, gemeinsam ein Spiel zu spielen, während jeder sein eigenes Bild auf seinem Monitor sah. Durch die Verbindung über Online-Dienste ist dies auch über weitere Entfernungen möglich. So können Menschen aus verschiedenen Ländern sich im Internet treffen und Spiele spielen. Bill Gates schreibt hierzu in seinem Buch: «Ich glaube, Online-Spiele werden ein Riesenhit. Dabei werden wir aus einem reichen Spielangebot auswählen können – nicht nur alle klassischen Brett- und Kartenspiele, sondern auch Adventure (engl.: Abenteuer) und Rollenspiele. Speziell für dieses Medium wird man neue Spielarten erfinden, Wettbewerbe durchführen und Preise aussetzen.»[33]

Ich werde im Kapitel über das Internet noch näher auf diese Spiele eingehen, sie sind hier nur der Vollständigkeit halber erwähnt.

Edutainment, der Weg zum fröhlichen Lernen

Edutainment-Programme bilden unter den Spielen den Markt der Zukunft. Sie werden für die verschiedensten Altersstufen entwickelt und angeboten, wobei derartige Programme für Vorschulkinder keine Seltenheit mehr sind. In der Werbung liegt der Schwerpunkt auf dem Lernwert. Diese Programme werden für die verschiedensten Fachbereiche angeboten und sollen auf spielerische Weise Wissen vermitteln. Da es bisher noch keine Standards für derartige Programme gibt, wird der Markt mit allen möglichen Programmen überschwemmt. So werden reine Spiele als Edutainment-Programme ausgegeben oder zweifelhafte Inhalte vermittelt.

Grundsätzlich gilt für derartige Programme, dass der Spieler immer wieder mit Aufgaben konfrontiert wird, die er lösen muss. Nur wenn er die richtige Lösung gefunden hat, kann er weiterkommen. Auf den ersten Blick ist es fast erstaunlich, wie groß der Lernerfolg dieser Programme ist, aber eine genaue Betrachtung macht den Mechanismus, der hinter diesem Erfolg steht, durchschaubar. Der Antrieb, eine Aufgabe zu lösen, kommt nicht aus einer inneren Verbindung mit dem Thema, sondern aus dem Bedürfnis, das Spielziel zu erreichen. Dabei sind Programme sehr geduldig, der Spieler kann solange Antworten eingeben, bis die richtige dabei ist – ob er die Aufgabe wirklich verstanden hat, spielt dabei keine Rolle. Das Wissen, das über diesen Weg angeeignet wird, ist zwar später abrufbar, kann aber in den wenigsten Fällen flexibel auf andere Situationen angewendet werden. Man hat es also viel mehr mit einer Konditionierung zu tun als mit einem wirklichen Lernen.

Deshalb ist es umso gefährlicher, wenn die Inhalte des Programmes zweifelhaft sind. So gibt es ein Lernprogramm für Kinder ab drei Jahren, dessen Rahmenhandlung die Geschichte der Arche Noah ist. Im Verlauf des Programms müssen die Kinder Tiere erkennen, mathematische Aufgaben lösen und Gegenstände benennen. Das Spiel kann wahlweise in vier Sprachen gespielt werden und so die Grundlage zum Erlernen von Fremdsprachen bilden (laut Angabe des Herstellers). Betrachtet man die Rahmenhandlung des Spiels genauer, so ist sie eindeutig ideologisch gefärbt. Die angeblich kindgerechte Aufbereitung des Themas trägt Züge, wie sie in den Vorstellungen der Zeugen Jehovas anzutreffen sind. Nach einem Gespräch mit einem Vertreter der Firma, die dieses Programm in Deutschland vertreibt, stellte sich heraus, dass dieses Programm von einer Firma produziert wurde, die den Zeugen Jehovas nahesteht. Angesichts der Tatsache, dass diese Programme mit der Methode der klassischen Konditionierung arbeiten, verwundert es nicht, dass ideologische Gruppierungen und Sekten versuchen, über diesen Weg neue Anhänger zu gewinnen. In solchen Fällen wird der kurzfristige Lernerfolg der Kinder teuer erkauft.

Die Bildung von Fähigkeiten durch Computerspiele

Glaubt man der Computer-Industrie und gerade den Herstellern von Edutainment-Programmen, so können die Computer in Zukunft den normalen Unterricht durch einen Lehrer ersetzen. Das hieße, dass Kinder und Jugendliche alle gesellschaftlich notwendigen Fähigkeiten am Computer ausbilden könnten. Dies ist sicherlich nicht der Fall. Die einzigen Fähigkeiten, die am Computer ausgebildet werden können, sind jene, die für den Umgang mit dem Computer nötig sind. So ist zum Beispiel die Steuerung mit der Maus nicht nur eine normale Augen-Hand-Koordination, sondern erfordert einen weiteren Abstraktionsschritt. Die Augen verfolgen die Bewegungen des Cursors auf dem Bildschirm, die mit der Maus auf dem Tisch ausgeführt werden. Man beobachtet also nicht die Hand bei ihrer Tätigkeit, sondern die Wirkung, die diese Tätigkeit hat. Jeder Erwachsene, der erst jetzt den Umgang mit dem Computer erlernt, weiß, wie schwer es sein kann, sich diese Fähigkeit anzueignen.

Alle anderen Fähigkeiten, zum Beispiel logisches Denken, müssen bereits vorhanden sein und können am Computer nur zur Anwendung gebracht werden. Dabei werden sie durch die wiederholte Anwendung weiter gefördert, das heißt aber nicht, dass dies nur am Computer möglich wäre.

Hauptsächlich werden also am Computer vorhandene Fähigkeiten geschult, die auch in anderen Lebensbereichen zum Einsatz kommen und demnach auch anders gefördert werden könnten. Die Fähigkeiten, die am Computer gebildet werden können, sind auf den Umgang mit dem Computer oder computergestützten Geräten beschränkt.

Da beim Umgang mit dem Computer nicht alle menschlichen Fähigkeiten gefordert werden, besteht die Gefahr, dass bereits vorhandene Fähigkeiten nicht mehr genutzt werden und so erlahmen. Hinzu kommt, dass einige Fähigkeiten, gerade aus dem logisch-mathematischen Bereich, durch den Computer ersetzt werden. So benutzen Kinder und Jugendliche lieber einen Taschenrechner als selber zu rechnen. Die Folge davon ist, dass die eigenen Fähigkeiten erlahmen und die Betroffenen von dem Taschenrechner abhängig werden. In solchen Fällen findet statt einer Steigerung eine Reduktion von Fähigkeiten statt, und es kommt so zu einer frühzeitigen Spezialisierung, die immer eine Einseitigkeit darstellt.

Die Computerisierung des Unterrichts soll eine Lösung für die vorhandenen Probleme der Schulen bringen. Es stellt sich die Frage, ob dies durch den Einsatz der neuen Medien überhaupt möglich ist. Eine Ursache für die vorhandenen Probleme ist der prüfungsorientierte Unterricht. Durch die Fülle von Inhalten, die laut Lehrplan behandelt werden müssen, entsteht für die Schüler ein Leistungsdruck, der gerade in den oberen Klassen ein soziales Lernen erschwert. Der Unterricht am Computer soll den einzelnen

Schüler von diesem Druck befreien, indem jeder nach seinem individuellen Tempo lernen kann und sich selber die Themen auswählt, die er behandeln möchte. Dadurch wird zwar der Leistungsdruck gemindert, aber die Spezialisierung, die zur Zeit in der Oberstufe beginnt, wird bereits früher betrieben, und soziale Fähigkeiten werden noch weniger geübt, wenn sie denn überhaupt noch entwickelt werden. Die Computerisierung des Unterrichts stellt also keine Lösung für die vorhandenen Probleme dar, sondern würde die Situation nur verschlimmern.

Neben den Pädagogen, die den Versprechungen der Wirtschaft Glauben schenken, gibt es eine zunehmende Zahl von Pädagogen, die die eigentlichen Ursachen der Schulmisere erkennen und nach anderen Lösungen suchen. Dabei geht es ihnen darum, gerade die sozialen Fähigkeiten der Schüler zu fördern und durch breit gefächerte Unterrichtsinhalte die Spezialisierung solange wie möglich hinauszuzögern. Es bleibt zu hoffen, dass sich diese Gruppe gegenüber den einseitigen Interessen der Industrie durchsetzen kann.

«Machen Computerspiele süchtig?»

Diese Frage stellte der Schüler einer siebten Klasse im Rahmen eines Projekttages. Nachdem in einem gemeinsamen Gespräch geklärt worden war, was «süchtig sein» bedeutet («Man muss etwas tun, obwohl man es eigentlich nicht will»), sollten sich die Schüler dazu äußern, ob Computerspiele ihrer Meinung nach süchtig machen können. Die Antworten der Schüler waren erstaunlich und zum Teil auch erschreckend, vor allem, wenn man bedenkt, dass die Schüler im Alter zwischen 12 und 14 Jahren waren. Nach und nach schilderten die Schüler ihre eigenen Erfahrungen, die ich an dieser Stelle stichwortartig wiedergeben möchte:

«Wenn ich ein Computerspiel spiele, vergesse ich immer die

Zeit. Irgendwann kommt meine Mutter ins Zimmer und sagt, dass ich jetzt ins Bett gehen soll. Dabei habe ich noch gar nicht das Gefühl, dass es schon so spät ist.»

«Ich gehe immer zu einer Freundin, weil ich keinen eigenen Computer habe. Wenn sie mich anspricht, während ich spiele, muss ich immer nachfragen, was sie gesagt hat. Ich höre zwar, was sie gesagt hat, aber ich verstehe es nicht.»

«Nachdem ich drei Stunden gespielt habe, ist mir immer etwas schwindelig und ich habe auch Kopfschmerzen.»

«Ich habe danach immer kalte Hände und ein Kribbeln in den Fingern.» (Nach dem Spielen mit einem Joystick.)

«Meine Freundin will mit mir oft auch was anderes spielen, aber wenn ich am Computer gespielt habe, hab ich zu nichts anderem mehr Lust.»

«Wenn ich nach dem Spielen ins Bett gehe, geht das Spiel in mir weiter. Ich träume auch davon. Und am nächsten Morgen weiß ich, was ich besser machen kann, und würde am liebsten gleich weiter spielen.»

Nach diesen und anderen Beiträgen kamen die Schüler zu dem Schluss, dass Computerspiele süchtig machen können. Es war nun die Frage, warum sie spielen, obwohl es ihnen danach nicht gut geht. Die einhellige Antwort war: «Es macht halt Spaß und man will das Ziel erreichen.» Des Weiteren war ihnen wichtig, dass man am Computer auch alleine spielen kann – wobei sie zugaben, dass, auch wenn andere dabei seien, man eigentlich immer alleine spielen würde. Die anderen seien nur Zuschauer, die einem Tips geben könnten und einen bei Erfolgen bewundern würden. Wenn man alleine ein Spiel geschafft hat, bleibt eigentlich ein Gefühl der Leere, denn der Computer kann einen nicht bewundern. Das Programm schreibt nur einen anonymen Text, der dem Spieler gratuliert. Wenn die Herausforderung wegfällt, muss das Spiel durch ein neues ersetzt werden. Damit offenbart sich eine klassische Suchtstruktur.

Am nächsten Tag sagten einige Schüler dem Klassenlehrer, dass sie jetzt keine Computerspiele mehr spielen wollten. Ob sie sich an diesen Vorsatz halten, bleibt abzuwarten, denn die Versuchung durch immer neue Spiele ist nicht zu unterschätzen, zumal viele Eltern ihren Kindern von sich aus neue Computerspiele kaufen, ohne sich mit den Inhalten und Folgen auseinanderzusetzen. Viele Eltern sind sogar der Meinung, ihren Kindern etwas Gutes zu tun. Die Kinder spielen ruhig in ihrem Zimmer, anstatt sich auf der Straße herumzutreiben und dort den drohenden Gefahren (z.B. Kriminalität und Drogen) auszusetzen. Des Weiteren fallen viele Eltern auf die Werbung der Softwarefirmen herein, die spielerisches Lernen versprechen. Da die Eltern in den seltensten Fällen die Inhalte der Programme kontrollieren, werden sie mitunter zu unwissenden Mittätern von Interessengruppen, die ihre Kinder bewusst beeinflussen wollen. Die vermeintliche Sicherheit des Kindes, das in der Geborgenheit der elterlichen Wohnung am Computer spielt, kann dieses schnell in eine Isolation führen, die eine spätere soziale Unfähigkeit mit sich bringt. So wird die Alternative zu den bestehenden Unterrichtsformen, das soziale Lernen, unterwandert und ein späteres Ausbilden sozialer Fähigkeiten verhindert.

Natürlich können Computerspiele in Situationen, in denen keine anderen Spielpartner vorhanden sind, ein Ersatz für die Befriedigung des natürlichen Spieltriebs sein. Aber Eltern sollten sich der lauernden Gefahren bewusst sein und sich vor allem mit den Inhalten der Spiele auseinandersetzen. Gemeinsame Gespräche, die von echtem Interesse am Anderen getragen sind, durchbrechen die Isolation und fördern die Interaktion.

Schlussbetrachtungen

Nach den letzten Ausführungen könnte es sinnvoll erscheinen, nach Möglichkeit zu verhindern, dass Kinder und Jugendliche überhaupt mit Computerspielen in Berührung kommen. Diese Schlussfolgerung wäre aber nicht zeitgemäß. Computer dringen zunehmend in alle Lebensbereiche ein. So müssen selbst Altenpfleger und Krankenschwestern über gewisse Fähigkeiten im Umgang mit Computern verfügen, da die erbrachten Leistungen mittlerweile direkt in einen Computer eingegeben werden müssen. Dabei zeigt sich, welche Schwierigkeiten sie beim Erlernen dieser Fähigkeiten haben. Angesichts dieser Tatsachen ist es wichtig, dass die kommenden Generationen rechtzeitig den Umgang mit den neuen Medien erlernen.

Es stellt sich nun die Frage, wann der erste Kontakt mit Computerspielen stattfinden sollte. Dabei gilt grundsätzlich, dass niemand sein Kind dazu bringen sollte, mit einem Computer zu spielen, wenn es nicht der ausdrückliche Wunsch des Kindes ist. Andererseits kann niemand gegen den Willen seines Kindes verhindern, dass es mit Computern umgeht. Wie das oben genannte Beispiel gezeigt hat, führt ein Verbot nur dazu, dass die Kinder zu Freunden gehen, die bereits eine Spielkonsole oder einen Computer besitzen. Dadurch entfällt die Kontrolle über die Dauer, die ein Kind am Computer verbringt, und die Art der Spiele, die gespielt werden. Wichtig ist, dass die Eltern und Lehrer ein echtes Interesse an der Freizeitgestaltung ihrer Kinder haben.

Da für den verantwortungsvollen Umgang mit dem Computer im Allgemeinen und Computerspielen im Besonderen einige Fähigkeiten, wie zum Beispiel die Urteilsfähigkeit, nötig sind, sollten Kinder nicht vor dem sechzehnten Lebensjahr mit dem Computer in Berührung kommen, da erst in diesem Alter die geforderten Fähigkeiten heranreifen. Wie gesagt, diese Forderung kann nicht durch Verbote erzwungen werden, vielmehr sollten sich die Erzieher bemühen, interessante Alternativen für die Beschäftigung mit dem Computer anzubieten. Dies wird natürlich umso schwerer, wenn die Kinder bereits mit Computerspielen gespielt haben. Wenn das Kind bereits über eine Spielkonsole oder einen Computer verfügt, ist es wichtig, dass die Eltern mit echtem Interesse verfolgen, wieviel und was ihr Kind spielt. Dabei ist gerade das Was entscheidend, da die meisten Computerspiele Gewalt enthalten. – So kann man den Eltern nur raten: Lassen Sie sich zum Beispiel von Ihrem Kind zeigen, wie man einen Computer bedient und wie die Spiele funktionieren. Beraten Sie mit Ihrem Kind, welche Spiele angeschafft werden, und bieten Sie Alternativen zum Computerspiel. Wenn Ihr Kind zum Beispiel gerne Geschicklichkeitsspiele spielt, stellen Sie ihm reale Aufgaben, an denen es sich messen kann. Zeigen Sie ihm, dass man viele Fähigkeiten auch ohne Computer erwerben kann, und lassen Sie sich zeigen, was am Computer möglich ist.

Wenn Kinder und Jugendliche spüren, dass Erwachsene ein echtes Interesse an ihren Aktivitäten haben, sind sie erfahrungsgemäß gerne bereit, sich mit ihnen auszutauschen. Oft haben sie selber Fragen, wie die Projekttage mit Schülern zeigen, wissen aber nicht, an wen sie sich wenden sollen. Gerade Jugendliche brauchen kompetente Gesprächspartner, mit denen sie sich austauschen können. Viele Jugendliche beklagen sich über die «Liberalität» ihrer Eltern und Lehrer. Solange sie nichts «falsch» machen, also zum Beispiel keinen Ärger mit der Polizei haben, erscheint es ihnen, als ob ihren Eltern gleichgültig sei, was sie in ihrer Freizeit machen. Leider ist dies oft sogar der Fall. Es gibt genug Eltern, die ihren Kindern eine Spielkonsole oder einen Computer ins Kinderzimmer stellen, weil die Kinder dann ruhig zu Hause spielen. Was ihre Kinder spielen, ist ihnen oft egal, da sie eh keine Ahnung von Computerspielen haben und sich auch nicht dafür interessieren. Ab und zu unternehmen sie klägliche Versuche, ihre Kinder dazu zu bewegen, etwas anderes zu unternehmen. Meistens bleibt es bei den Schilderungen aus der eigenen Kindheit. Dabei sollte den Eltern deutlich sein, dass eine rein nostalgische Erzählung in den seltensten Fällen zu einer Nachahmung führt, abgesehen davon, dass etliche Aktivitäten, die Kinder vor zwanzig Jahren betrieben haben, heute nicht mehr zeitgemäß sind.

Der folgende Auszug aus einem Interview[34] mit einem 17-jährigen Schüler erscheint für diese Situation beispielhaft:

Klaus: Ich meine, meine Eltern sind nicht die richtigen Gesprächspartner. Ich würde gerne mit ihnen über Computer reden. Vielleicht würde es ihnen ja auch Spaß machen, und sie wissen es nur nicht.

Aber warum sollen sie sich denn unbedingt mit Computern beschäftigen?

K.: Na ja, mein Vater hat seine Bienen. Der redet mit mir gerne über Honig. Und genauso würde ich ihm gerne sagen, wenn ich ein Problem mit OS/2 gelöst habe.

Warum geht das nicht?

K.: Das Problem ist wohl, dass es ohne ein paar Fachausdrücke wohl nicht geht. Und meine Eltern schrecken dann gleich zurück. Weil sie damit nicht groß geworden sind. Das ist genau, wie wenn sie mir erzählen, wie sie früher auf der Straße Fußball gespielt haben.

Macht man das heute nicht mehr?

K.: Meine Eltern haben eine andere Vorstellung, was ich mit meiner Zeit anfangen soll. Mir ist schon klar, dass der Computer menschenfeindlich ist. Ich fürchte, dass die Kids, die jetzt dauernd Nintendo spielen, so viel Gehirn verschwenden, dass sie später gar nicht genug Geld verdienen können, um ihren Kindern einen Online-Anschluss zu bezahlen. Das wäre dann wohl das Ende der Computer.

Da die Antworten offenkundig verkürzt wiedergegeben sind, brennt wohl jeder darauf Näheres von dem Schüler zu erfahren, zumal gerade der letzte Teil zeigt, dass er selber zu einer reflektierten Sicht des Themas imstande ist.

Wer seine Kinder zu einem richtigen Umgang mit Computerspielen erziehen will, kommt nicht umhin, sich selber mit diesem Thema auseinanderzusetzen. Interessiert er sich aber für dieses Thema, ist er nicht auf Verbote als Erziehungsmittel angewiesen, sondern kann «interaktiv» pädagogisch tätig werden.[35]

Tamagotchis –
wenn die Suche nach Verantwortung
in die Sucht führt

Was sind eigentlich Tamagotchis und wie funktionieren sie? Äußerlich sind es Schlüsselanhänger, meistens in Form eines flachen Eis, die auf einer Seite ein kleines LCD-Display (ähnlich wie die Anzeige eines Taschenrechners) haben. Innen befindet sich ein Minicomputer mit einer Batterie, der ein Programm ausführen kann. Dieses Programm ist so geschrieben, dass es sich nach einer bestimmten Zeit selbst beendet, die Zeitdauer kann durch das Drücken von kleinen Knöpfen verlangsamt oder beschleunigt werden. Ziel des Spiels ist es, das Ende so lange wie möglich hinauszuzögern. Die maximale Spieldauer bleibt ein Geheimnis der Hersteller. In jedem Fall ist die Dauer durch die Haltbarkeit der eingebauten Batterie beschränkt, da diese nicht ausgewechselt werden kann, derartige Batterien halten maximal 12 Monate. Dargestellt wird dieses Programm auf dem Display durch eine kleine Figur, die je nach Zustand andere Attribute aufweist. Am Ende des Programms erfolgt die Mitteilung, dass die dargestellte Figur tot ist, bevor sich der Computer ausschaltet. – Das Drücken der Knöpfe wird ebenfalls durch Logos dargestellt, man kann die Figur füttern, baden, abtrocknen und ihr Aufmerksamkeit zukommen lassen, dabei kommt es auf die richtige Reihenfolge an. Zwischen 21:00 Uhr und 8:00 Uhr schaltet sich das Programm in den Schlafmodus, in dieser Zeit ist jedes Betätigen eines Knopfes eine Störung, die das Programm beschleunigt.

Beim Erreichen bestimmter Programmabschnitte wird ein Signalton ausgegeben, der den Besitzer daran erinnert, dass das Ende näher rückt, und ihn auffordert, etwas zu unternehmen, um den Prozess zu verlangsamen. Derartige Aufforderungen erfolgen während des Tages in Abständen von ca. 15 Minuten, wenn sich der Besitzer nicht von sich aus um die Versorgung kümmert. Wenn das Programm beendet ist, wird das ganze Gerät unbrauchbar (dies gilt zumindest für das Original, andere Varianten können neu gestartet werden, was aber in der Fan-Gemeinde als Betrug gilt).

Seit Frühjahr 1997 verbreitet sich diese neue Computerspielvariante seuchenartig über die westliche Welt. Erfunden wurden die Tamagotchi-Eier von einer Angestellten eines japanischen Spielzeugherstellers, der kurz vor dem Ruin stand und dank der Tamagotchis wieder zu den führenden Spielzeugkonzernen zählt. Am 10. September 1997 verkündete der Konzern, dass bis zu diesem Zeitpunkt bereits 10 Millionen Stück verkauft worden seien. Keiner hatte mit einer derartigen Nachfrage gerechnet, und immer wieder kommt es zu Versorgungsengpässen, weshalb es mittlerweile einen Schwarzmarkt gibt, auf dem die Originale für bis zu 500 DM gehandelt werden. Dabei werden mittlerweile verschiedene Varianten des virtuellen Haustieres angeboten: Küken (wie beim Original), Hunde, Drachen, Dinosaurier und andere.

Die Welle der Verbreitung war so groß, dass sich einige Bildungsministerien zu Erlassen genötigt sahen, die Tamagotchis in den Schulen verbieten. So auch das bundesdeutsche Bildungsministerium, das noch in den Sommerferien eine entsprechende Erklärung veröffentlichte. In dieser Erklärung wird das Verbot der Tamagotchis damit begründet, dass auch andere Haustiere nicht mit in den Unterricht genommen werden dürfen. Damit haben die Verfasser dieser Erklärung – bewusst oder unbewusst – die virtuellen Spielprogramme auf eine Stufe mit Haustieren gestellt und sind damit, wie viele andere Menschen, den Werbestrategen auf den Leim gegangen. Oder sind Tamagotchis doch Haustiere, die eine Seele haben?

Betrachtet man dieses Spielzeug nüchtern, ist es völlig unverständlich, warum es so beliebt ist, denn dafür, dass man dieses

Gerät nur einmal gebrauchen kann, ist es ziemlich teuer (20 bis 40 DM je nach Variante), abgesehen von den ökologischen Folgen eines solchen Wegwerfprodukts. Offenkundig sehen die Käufer von Tamagotchis noch etwas anderes in diesem Spielzeug, ansonsten wäre die damit verbundene Euphorie nicht zu verstehen.

Glaubt man manchen Besitzern, so haben Tamagotchis ganz bestimmt eine Seele. Sie sehen in der kleinen Figur auf dem Bildschirm ein Lebewesen, das seine Bedürfnisse hat und Zuwendung braucht. Nur so lässt sich auch der weltweite Kult um dieses Spielzeug erklären, der mittlerweile die skurrilsten Formen angenommen hat. So findet sich im Internet ein Tamagotchi-Friedhof, auf dem man für seinen verblichenen «Freund» einen Grabstein errichten kann; auf anderen Seiten im Internet finden sich Gedichte über und für Tamagotchis sowie Tips für Besitzer zur richtigen Pflege und Haltung. Diese virtuellen Bekundungen sind aber nicht alles. In der Schweiz hat ein findiges Beerdigungsunternehmen die Lage erkannt und darauf reagiert. Hier kann man Särge in verschiedener Ausführung für sein Tamagotchi erhalten, dabei kostet die billigste Variante 100 SFr. Eine andere Möglichkeit, die eine weite Verbreitung gefunden hat, besteht darin, das Tamagotchi mit Gegenständen *für das Leben nach dem Tod* in Kunstharz eingießen zu lassen.

Sicherlich sind die hier geschilderten Erscheinungen extreme Auswüchse, aber der Tamagotchi-Kult nimmt stetig zu, was sich an den Verkaufszahlen ablesen lässt. So warteten in Japan mehrere Tausend Menschen die ganze Nacht vor den Kaufhäusern, um eine neue Variante der Eier zu ergattern. Nach nur einer Stunde waren die gesamten Bestände verkauft, und viele hatten umsonst auf den kleinen Engel gewartet, den es in dieser Variante zu «pflegen» galt.

Viele Eltern sehen den Wert dieses Spielzeuges darin, dass es ihre Kinder dazu anleitet, Verantwortung zu übernehmen. Für sie kommt das Tamagotchi einem Haustier gleich, nur mit dem Vorteil, dass es keinen Dreck macht und keinen Platz braucht. Des Weiteren liegt die Verantwortung wirklich ganz bei den Kindern, anders als bei realen Haustieren, wo oft die Eltern nach einer gewissen Zeit die Pflege übernehmen müssen, da die damit verbundenen Pflichten den Kindern lästig werden. Die Tatsache, dass die Tamagotchis nach Gebrauch weggeworfen werden müssen, spielt dabei keine Rolle, denn für die meisten Eltern ist Geld, das für Spielzeug ausgegeben wurde, abgeschrieben, was angesichts der heutigen Spielzeugangebote kein Wunder ist, da die meisten Plastikspielzeuge nach einiger Zeit sowieso in der Mülltonne landen.

Die Frage nach Verantwortung ist ein Schlüssel für das Verständnis des Phänomens. Die gegenwärtige Kultur ist, wie an anderen Stellen bereits gezeigt wurde, geprägt von einem Werteverlust. Dazu gehört, dass kaum jemand Verantwortung für seine Handlungen übernehmen will, vielmehr wird die Schuld bei Fehlern oder Versäumnissen immer anderen zugeschoben. Dass dies so ist, wird von kaum jemandem bezweifelt, und schon lange wird gefordert, dass die Menschen (gemeint sind in solchen Fällen natürlich immer die Anderen) wieder lernen müssen, Verantwortung zu übernehmen. Es ist bekannt, dass man Verantwortung nur erlernen kann, wenn man sich in ihr übt, sie kann also nicht abstrakt erlernt werden. Dabei findet die Korrektur der Handlungen immer von außen statt, und die Folgen der Handlungen können somit nicht geleugnet werden. Gerade das Unausweichliche der Folgen ist für viele Menschen unserer Zeit erschreckend, besonders wenn die Folgen auch von Anderen wahrgenommen werden können. In früheren Zeiten fand die Erziehung zur Verantwortung mit aller Härte statt. Kinder mussten schon früh Verantwortung übernehmen und wurden hart bestraft, wenn sie die Aufgaben nicht erfüllten. Dies hat bei vielen Kindern zu traumatischen Erlebnissen geführt, die mitunter das Seelenleben dieser Kinder stark beeinträchtigt haben. Seit diese Zusammenhänge bekannt sind, hat es eine Kehrtwende gegeben; heute werden viele Kinder vor derartigen Erlebnissen bewahrt, da sie in Freiräumen aufwachsen, in denen sie keine weitreichende Verantwortung übernehmen müssen. Diese Freiräume sind teilweise dermaßen ausgedehnt, dass manche Jugendliche erst mit dem Beginn der Berufstätigkeit damit konfrontiert sind, Verantwortung übernehmen zu müssen. Dann sind sie meistens unvorbereitet und durch die Situation überfordert.

Angesichts dieser Tatsache stellt sich für viele Menschen die Frage, wie diesen Problemen begegnet werden kann. Abgesehen von einigen wenigen will keiner die alten Zustände wieder herbeiführen. Die Suche nach neuen Wegen wird jedoch erschwert, wenn man selber nicht die Verantwortung dafür übernehmen will. Die Tamagotchis erscheinen in diesem Dilemma wie eine Lösung. Die Kinder übernehmen Verantwortung für ein virtuelles *Wesen* und werden mit den Folgen ihrer Handlungen konfrontiert, ohne dass Andere in größerem Umfang davon betroffen sind. Der seelische Schaden wird dabei durch die Ersetzbarkeit des Objektes gering gehalten. Für diesen Vorgang ist es wichtig, dass die Kinder eine emotionale Beziehung zu dem Objekt aufbauen, da sie über diesen Weg bei der Stange gehalten werden. Es bedarf also der «süßen» kleinen Figuren, denn ohne sie würde kaum ein Kind die Verantwortung für ein Computerprogramm übernehmen, das unweigerlich zu einem Ende führt und dessen Ende nur hinausgezögert werden kann.

Was auf den ersten Blick wie eine Lösung des Problems aussieht, ist aber nur eine virtuelle, eine scheinbare. Durch die Ersetzbarkeit des Tamagotchis oder der Figur mit Hilfe einer «Reset»-Taste bleibt der erwünschte Effekt aus. Anstatt Verantwortung zu übernehmen, geht es darum, die Spieldauer zu verlängern. Dies gelingt aber nur, wenn man sich dem Diktat des Programmes unterwirft, man muss auf jeden Signalton unmittelbar reagieren, um die optimale Lebensdauer zu erreichen; des Weiteren muss man sich an die vorgegebenen Ruhezeiten halten. So kommt es letztendlich zu einer Umkehrung des gewünschten Effektes, denn anstatt eigenverantwortlich den Tag zu gestalten, wird der Tagesrhythmus von der Maschine bestimmt. Dies kann bis in eine Abhängigkeit führen,[36] was immer bedeutet, dass das Ich des Betroffenen und damit seine Fähigkeit, Verantwortung zu übernehmen, geschwächt wird. Die einzigen, die einen Nutzen aus den Tamagotchis ziehen, sind die Hersteller, denen es sicherlich gelegen kommt, dass mehr und mehr Menschen zu Sklaven ihrer Produkte werden.

Ein weiterer Grund für die schlagartige Verbreitung liegt in dem Umstand, dass gerade Mädchen von dem neuen Spielzeug angesprochen werden. Bisher war es keinem Hersteller gelungen, ein Computerspiel zu entwickeln, das Mädchen in großem Umfang erreicht. Die meisten Computerspiele sind wettbewerbs- und gewaltorientiert und sprechen deshalb hauptsächlich Jungen an; es gab nur wenige Spiele, die auch bei Mädchen Anklang fanden, weshalb sie als Käufergruppe nicht in Betracht kamen. Bei den Tamagotchis ist es umgekehrt: Zuerst wurden nur Mädchen durch das virtuelle «Tier» angesprochen; erst seit der Einführung von Dinosauriern und anderen Monstern können sich auch Jungen mit Tamagotchis anfreunden.

Das Internet,
der «Ort» der Widersprüche

Das Internet gilt als das Medium der Zukunft. Wer die Äußerungen von Politikern, Wirtschaftsvertretern und Medienexperten verfolgt, kann nur erschauern vor den Möglichkeiten, die der Menschheit mit diesem neuen Medium zur Verfügung stehen. Was ist dran an den Versprechungen, wie sieht die heutige Wirklichkeit aus und wie wahrscheinlich ist es, dass die Versprechungen erfüllt werden? Es ist nicht leicht, diese Fragen zu beantworten, denn das Internet ist in seinen Erscheinungsformen so komplex, dass man sich den Fragen von verschiedenen Seiten nähern muss, um eine anfängliche Antwort finden zu können.

Jeder, der sich mit dem Thema Internet beschäftigt, stellt schnell fest, dass es sich nicht um ein klassisches Medium handelt. Bei allen anderen Medien kann zum Beispiel eine Ortsbestimmung vorgenommen werden, ich kann den Ursprung der Botschaften herausfinden und mich an den Verantwortlichen wenden. Im Internet ist dies nur beschränkt möglich. Hier hängt es von dem einzelnen Anbieter ab, ob ich seine wahre Identität erfahre oder nicht. Selbst wenn unter einem Beitrag ein Name steht, ist für den Benutzer kaum festzustellen, ob diese Information stimmt.

Diese anfänglichen Hinweise machen schon deutlich, wie widersprüchlich das Internet zur Zeit ist. Es soll nun im Folgenden auf einzelne Bereiche genauer eingegangen werden, um zu untersuchen, ob es sich hierbei um «Kinderkrankheiten» des neuen Mediums handelt oder ob sie das Wesen des Internet offenbaren.

Das Internet hat seine Wurzeln in dem militärischen ARPANET. Dieses wurde in der Zeit des kalten Krieges entwickelt, um eine dezentrale Steuerung des amerikanischen Verteidigungssystems zu ermöglichen. Durch das ARPANET wurden die Strukturen geschaffen, die allen heutigen Computernetzen zu Grunde liegen. Als das Netz auch für Universitäten geöffnet wurde, verwandelte es sich in kürzester Zeit in einen Informationsdschungel. Neben dem offiziellen Austausch von Informationen entstanden «Zonen», in denen Professoren und Studenten Nachrichten und Daten im weitesten Sinne austauschten. Noch bevor sich die PCs ausbreiteten, entstand in Kalifornien eine Subkultur, die das Netz für ihre Zwecke benutzte. Es waren die «Garagenfreaks», die sich ihre eigenen Computer bastelten, Programme schrieben und so die Computerentwicklung vorantrieben. Zu dieser Gruppe gehörten sowohl die späteren Entwickler von PCs als auch Personen wie Bill Gates (der Begründer von Microsoft), der Science-fiction-Autor William Gibson und der heutige Vizepräsident der USA Al Gore, der sich heute für die staatliche Unterstützung des Netzausbaus einsetzt. Diese Computerfreaks der ersten Stunde benutzten das Netz sowohl, um in andere Computersysteme einzudringen, als auch, um sich Nischen im Netz zu schaffen, in denen sie mit ihresgleichen kommunizierten. In diesen Kreisen liegt auch der Ursprung der «Hacker», jener Computerfreaks, die aus unterschiedlichen Motivationen heraus bestrebt sind, in andere Computersysteme einzudringen, sei es aus sportlichem Interesse, sei es mit kriminellem Hintergrund. Heute sind viele von ihnen in namhaften Positionen, wie die bereits erwähnten Beispiele zeigen. So ist auch bekannt, dass die offiziellen Geheimdienste aus dieser Gruppe Mitarbeiter angeworben haben. Der größte Teil der Industrie-Spionage wird heute vom Computer aus betrieben.

Warum war das Computernetz für diese Gruppe von Menschen

seit Ende der sechziger Jahre so attraktiv? Sie alle verband eine Vision, die Vision vom «globalen Dorf». Sie erkannten die anarchischen Strukturen des Datennetzes. Das Datennetz ist international; sofern ein Telefonanschluss zur Verfügung steht und man die nötigen Geräte besitzt, kann man das Datennetz nutzen. Dadurch können die staatlichen Grenzen durchbrochen werden, zumal eine Kontrolle kaum möglich ist, es sei denn, man ist bereit, sich kontrollieren zu lassen. So bot das Netz die Möglichkeit, Informationen einer großen Anzahl von Menschen zugänglich zu machen und gleichzeitig vor einer Verfolgung für die Verbreitung dieser Informationen sicher zu sein. Es war der Traum der Pioniere, durch das Netz die einzelnen Regierungen zu unterwandern und die einzelnen Menschen weltweit zu verbinden. In den ersten Foren im Netz wurden Anleitungen für den Bau von Computern und Tips für Hacker weitergegeben. Recht bald kamen Anleitungen für die Manipulation von Telefonrechnungen und Basteltips für den Bau von Bomben hinzu. Im Netz trafen sich Bastler, Kommunisten, Anarchisten, religiöse Fanatiker und Kriminelle, die aus dem militärischen ARPANET eine anarchistische Spielwiese machten.

Erst einige Zeit, nachdem sich die PCs verbreitet hatten, entdeckte die Industrie das Internet, wie es mittlerweile hieß, für ihre Zwecke. So entstand das WWW (World wide web = weltweites Netz). Im WWW werden, auf den sogenannten «Homepages», Informationen zum reinen Konsum angeboten. Diverse Unternehmen stellen sich so im Internet vor und betreiben auf diese Art weltweite Werbung. Daneben bieten staatliche Institutionen und Universitäten eine Fülle von Informationen für den Benutzer. Seit einigen Jahren nimmt auch die Zahl der privaten Homepages zu, so kommen täglich mehrere Hundert neue Seiten in das Internet.

An den Strukturen hat sich aber seit den Anfängen nichts geändert. Das Internet steht allen Menschen und Interessengruppen zur Verfügung, die sich die nötigen Geräte und Kenntnisse erwerben. Eine staatliche Kontrolle, wie bei anderen Medien, kann es angesichts der Globalität des Netzes nicht geben. So wurde ein Teil der Ideale der Garagenfreaks erreicht. Das Internet hat die staatlichen Rechtsgrundlagen unterwandert. Alle Länder, die eine Ausweitung des Internet anstreben, sind mit rechtlichen Fragen konfrontiert, die eine weltweite Lösung fordern. Ob aber das Internet unter den Benutzern zu einer Bewusstseinserweiterung, im Sinne einer Politisierung der Massen, geführt hat, ist eine andere Frage, auf die später eingegangen werden soll.

Das Internet und seine Verbindung zu den USA

Im vorigen Kapitel war gezeigt worden, dass die Entwicklung der Computerspiele eng mit der japanischen Kultur verbunden ist, während das Internet seinen Ursprung in den USA hat. Dies hängt nicht nur mit dem Sicherheitsbedürfnis des Pentagon zusammen, sondern auch mit den Gegebenheiten der amerikanischen Kultur. Einen Hinweis auf diesen Zusammenhang gibt bereits Rudolf Steiner. In den Vorträgen am 18., 19. und 25. November 1917[37] geht Rudolf Steiner auf den Zusammenhang zwischen den Erdenkräften (insbesondere dem Erdmagnetismus) und der Menschheitsentwicklung ein. Er schildert, dass gerade auf dem amerikanischen Kontinent die Kräfte des Magnetismus besonders wirksam sind, und zwar durch die Gebirgszüge, die in einer Nord-Süd-Achse verlaufen. Diese Wirksamkeit werde zur Entwicklung neuer Techniken und Maschinen führen. Diese Techniken beschreibt er wie folgt: «Vor allen Dingen wird von dieser Seite angestrebt, Elektrizität, und namentlich Erdmagnetismus auszunützen, um Wirkungen hervorzubringen über die ganze Erde hin.»[38]

Computer sind Maschinen, die rein mit elektrischen Vorgängen arbeiten; die Telefonverbindungen, die das Internet ermöglichen, sind auf elektrische und elektromagnetische Kräfte aufgebaut. Die elektromagnetischen Kräfte werden für den drahtlosen Signalverkehr benötigt, der erst die weltweiten Verbindungen via Satellit ermöglicht. Dass Rudolf Steiner in diesem Vortrag nicht nur die damals bekannte Telegraphie und Funktechnik meint, wird an einer anderen Stelle deutlich: «Die kosmischen Kräfte, die von dieser Seite geholt werden, die werden merkwürdige Maschinen erzeugen, aber nur solche, die dem Menschen die Arbeit abnehmen werden, weil sie selber in sich eine gewisse Intelligenzkraft tragen werden.»[39] Von Maschinen mit einer «gewissen Intelligenzkraft» kann man erst seit der Entwicklung der Computer sprechen, welche 1917 noch nicht vorhanden waren.

Aus diesen Angaben des Geistesforschers Rudolf Steiner kann man entnehmen, dass es eine Notwendigkeit ist, dass diese Maschinen entwickelt werden, und dass es kein Zufall ist, dass sie gerade in Amerika den Ursprung ihrer weltweiten Verbreitung und Wirksamkeit haben. Die Notwendigkeit dieser Entwicklung wird von Rudolf Steiner ausdrücklich betont, und er weist darauf hin, dass es nicht darum gehen kann, diese Entwicklung zu verhindern, sondern darum gehen muss, den Weg zu einem richtigen Umgang mit den neuen Techniken zu finden. So sagt er in dem Vortrag am 25. November 1917 einen Satz, der immer mehr an Aktualität gewonnen hat: «Die Zusammenschmiedung des Menschenwesens mit dem maschinellen Wesen, das wird für den Rest der Erdenentwickelung ein großes, bedeutsames Problem sein.»[40]

Deshalb ist es so wichtig, die neuen Techniken nicht nur zu benutzen, sondern sie auch zu verstehen, um so zu einem rechten Umgang mit ihnen zu kommen.

Die Realität des Internet

Die Werbung der Anbieter verspricht einen schnellen Zugriff auf Informationen jeder Art, außerdem einfache Handhabung. Statt mühsam und zeitaufwendig durch Bibliotheken zu streifen, sollen wir in der Lage sein, im Internet schnell an die aktuellsten Informationen zu gelangen. Verglichen mit diesen Versprechungen ist die Realität eher ernüchternd. Nicht umsonst steht die Abkürzung WWW für viele Internetbenutzer für «Weltweites Warten». Abgesehen von der Wartezeit, die man beim Laden von Daten verbringen muss, ist es nicht so einfach wie versprochen, die gewünschten Informationen zu finden. Suchprogramme, die einem die Suche erleichtern sollen, listen alle Internetseiten auf, die den gesuchten Begriff enthalten, geben aber keinen Hinweis darauf, ob das Wort nur erwähnt wird oder ob sich nützliche Informationen zum gewünschten Thema auf der Seite befinden. Des Weiteren sind kaum vollständige Bücher im Internet zu finden, weshalb jeder, der eine genaue Recherche zu einem Thema durchführen möchte, nicht an einem Besuch in einer Bibliothek vorbeikommt.

Selbst begeisterte Internet-Visionäre gestehen diese Zustände als Mangel ein. Die Lösung ist für sie die «Datenautobahn» oder der «Information Superhighway». Wenden wir uns also als nächstes der Datenautobahn zu.

Die «Datenautobahn»

Ähnlich wie Cyberspace und Multimedia beflügelt der Begriff Datenautobahn die Phantasie von Geschäftsleuten und Politikern. Manche sehen im Internet bereits die Verwirklichung der Datenautobahn. Sie hoffen lediglich auf eine Verbesserung der Geschwindigkeit bei der Übertragung von Daten. Dies soll durch

Glasfaserkabel ermöglicht werden, die sogenannten ISDN-Verbindungen. Die deutsche Telekom ist führend in der Verbreitung von Glasfasernetzen und betreibt zur Zeit einen enormen Werbeaufwand, um Kunden für den ISDN-Anschluss zu gewinnen.

Für Visionäre wie Bill Gates ist das Internet aber nur ein Vorgeschmack auf die Datenautobahn. Er schreibt in seinem Buch: «Derzeit haben wir eine nichtexistierende Sache, die wir ‹Information Highway› nennen.»[41] Er denkt an eine totale Vernetzung, wobei nicht nur Computer, sondern auch Fernseher in das Netz eingebunden werden. Die Menschen werden in der Zukunft (nach seinen Vorstellungen) alle Informationen über das Netz abrufen. So werden die Filme nicht mehr von den Sendern zu bestimmten Zeiten angeboten, sondern können jederzeit von einer Datenbank abgerufen werden (ein erster derartiger Anbieter ist DF1, ein Sender, der Filme auf Abruf anbietet). Ebenso ist es mit Büchern, auch sie werden elektronisch vermittelt, und es bleibt dem Kunden überlassen, ob er ein Buch ausdruckt oder es auf dem Monitor liest. Auch das Geld soll verschwinden und statt dessen mit elektronischem Geld bezahlt werden. Um die Datenflut auf dem «Information Highway» zu bewältigen, sollen den Menschen Assistenten in Form von lernfähigen Programmen zur Verfügung stehen. Diese Programme erstellen ein Persönlichkeitsprofil des Benutzers und wählen für ihn Informationen aus. So sieht dann jeder seine eigene Nachrichtensendung und erhält die Werbung, die ihn anspricht.

Diese Visionen erinnern sehr stark an George Orwells *1984*, wobei hier die Lenkung nicht von einer Person oder einem Regime übernommen wird, sondern vom Computernetz. Die Bezeichnung Netz, die zur Zeit von der äußeren Gestaltung herrührt (die Verknüpfung verschiedener Server durch Standleitungen), würde dann in einem umfassenderen Sinne zutreffen: Die Menschen würden in dem Netz gefangen und wären von ihm abhängig.

In Bezug auf die oben geschilderten Probleme bieten diese

Visionen keine ernst zu nehmende Lösung. Vielmehr wird die Fülle der Informationen nur vergrößert, so dass es unmöglich wird, selbständig das Netz zu erforschen. Es bleibt einem gar nichts anderes übrig, als auf Assistenten zurückzugreifen. Diese Assistenten sind aber an dem bestehenden Persönlichkeitsprofil orientiert. Das heißt, dass sie dem Benutzer kaum neue Informationsfelder eröffnen. Während der Besuch einer Buchhandlung, das Lesen einer Zeitung oder das zufällige Einschalten eines Fernsehprogramms dazu führen können, dass man sich für ein neues Themenfeld interessiert, wird man mit Informationen überhäuft zu Themen, mit denen man sich bereits auseinandersetzt. Das Netz der Zukunft sorgt demnach nicht dafür, dass die Menschen ihre Horizonte erweitern, sondern höchstens dafür, dass sie sich immer mehr spezialisieren, zumal die totale Vernetzung die sozialen Prozesse unterwandert. Der Assistent würde einen täglich mit einer Fülle von Informationen versorgen, die man vor dem Computer sitzend aufnehmen müsste, diese Zeit würde für die Kommunikation mit anderen Menschen fehlen. So stellt sich schnell die Frage, welchen Wert die erhaltenen Informationen haben, wenn man sie nur für sich selber hat. Geht man einen Schritt weiter, muss man sich fragen, welchen Wert die reine Information an sich hat. Dieser Frage soll im folgenden Abschnitt nachgegangen werden.

Der Wert von Informationen

Immer wieder wird betont, dass wir im «Informationszeitalter» leben; und alle Industriezweige, die Informationstechnik anbieten, erleben einen Aufschwung. Ein moderner Mensch sollte immer und überall erreichbar sein, weshalb ein «Handy» unumgänglich ist. Genauso wie ein Haushalt ohne Faxgerät und Computer mit Modem nicht als modern gelten kann.

Auch in der Pädagogik geht es vermehrt um die effiziente Vermittlung von Informationen, weshalb das bestehende Schulsystem immer mehr kritisiert wird. In der heutigen Schule unterrichten Lehrer, die vor Jahren ihre Ausbildung an der Universität abgeschlossen haben. Damit entspricht ihr Wissen nicht mehr dem neuesten Stand der Wissenschaft. Unter diesem Gesichtspunkt erscheint die Forderung nach einer «Online-Schule», in der die Schüler die aktuellen Informationen über das Internet beziehen, nur sinnvoll. So können die Schüler die jeweils neuesten Informationen abrufen und sich selber bilden. In diesem Zusammenhang taucht der Begriff des «lebenslangen Lernens» auf. Und Vertreter dieser Richtung werden nicht müde, immer wieder neue Beispiele anzuführen. Ein beliebtes Beispiel ist folgendes: Schüler sollen ein Projekt über den Regenwald erstellen.[42] Sie nehmen via E-mail Kontakt mit Schülern in Venezuela auf, um direkt von ihnen zu erfahren, welche Probleme es in ihrem Land gibt; des Weiteren suchen sie im Internet nach Informationen zu diesem Thema. Dort stoßen sie auf einen Bericht einer Professorin in Lima, mit der sie ebenfalls in Kontakt treten, um sich weitere Informationen zu besorgen. Am Ende können sie ihren Mitschülern einen umfassenden Bericht über die Situation in den Regenwäldern und die Problematik der Abholzung liefern.

So viel zu Theorie und Ideal des Informationszeitalters. Wie sieht aber die Realität aus? Clifford Stoll, Astronom und Autor, hat sich jahrelang mit Computern und den Online-Techniken beschäftigt. Nachdem er lange Zeit ein Verfechter der neuen Techniken war, hat er nun ein Buch geschrieben mit dem Titel *Silicon snake oil, second thoughts on the information highway*[43], in dem er sich kritisch mit der Realität der Datennetze auseinandersetzt. Dabei untersucht er vor allem den realen Wert von Informationen und stellt fest, dass uns die Information als solche nicht hilft, solange wir nicht wissen, wie wir die Information einordnen sollen. So ist die Information, dass ich die linke Tür benutzen soll, keine Hilfe für mich, solange ich den Unterschied zwischen rechts und links nicht kenne. Dies ist nur ein sehr einfaches Beispiel, das aber den Kerngedanken verdeutlicht.

In der Erziehung muss es also mehr darum gehen, den Kindern zu vermitteln, wie sie Informationen verarbeiten und anwenden können, als um die reine Vermittlung von Informationen. Dieser Lernprozess wird durch die «Online-Schule» nicht geleistet, da das Internet nur die reine Information anbietet. Hinzu kommt, dass das Internet keiner Kontrolle unterliegt, so dass es keine Gewähr für die Richtigkeit der angebotenen Informationen gibt. Jeder kann Informationen in das Netz geben, richtige und falsche. Auch in den anderen Medien kommen natürlich bewusst oder unbewusst falsche Informationen vor, aber es liegt beim Herausgeber oder Redakteur, zu entscheiden, ob er einen Beitrag veröffentlicht oder nicht. Im Internet gibt es keine Redakteure, die die Informationen beurteilen. Einzelne Anbieter wie T-Online und Compuserve führen zwar eine Kontrolle bei ihren Angeboten durch; sobald aber der Kunde das WWW betritt, gibt es keine Kontrolle mehr. Wie bereits geschildert, betonen die Verfechter des Internet, dass es keine Kontrolle geben darf. Für sie steht die Freiheit im Internet an höchster Stelle, und jede Form von Kontrolle kommt einer Zensur gleich. Statt dessen appellieren sie an den einzelnen Menschen, jeder müsse für sich entscheiden, welche Informationen er abruft und welche er für glaubwürdig hält. Um dieser Forderung gerecht zu werden, müss der einzelne Mensch über ein ausgeprägtes Urteilsvermögen verfügen. Bei Erwachsenen glaubt man dies im Allgemeinen voraussetzen und damit die Nutzung des Internet in ihre Verantwortung stellen zu können. Wie ist es aber mit Kindern, vor allem, wenn die Schule durch das Internet ersetzt wird? Von wem lernen sie, welche Informationen glaubwürdig sind und welche nicht, wer hilft ihnen, sich ein Urteil zu bilden und aus der Fülle der Informationen die richtigen auszuwählen? Dieser Aspekt wird immer wieder außer acht gelassen, die

Anhänger des Internet schließen von sich auf andere und vergessen dabei, dass sie die Fähigkeit, Informationen zu beurteilen, nicht am Computer gelernt haben, sondern schon mitbrachten.

Das Internet wird gerne mit einer riesig großen Bibliothek verglichen, in der alle Informationen enthalten sind. Dieser Vergleich stimmt in vielerlei Hinsicht nicht, denn man wird kaum eines der Bücher, die in der örtlichen Bücherei stehen, im Internet finden. Passender ist der Vergleich mit einem Kiosk, in dem neben den neuen Zeitschriften Unmengen alter Exemplare liegen. Für manch einen stellt ein solcher Kiosk eine Fundgrube dar, und er wird gezielt in wissenschaftlichen Zeitschriften blättern, wohingegen die meisten Kinder sicherlich Comics, Illustrierte und Pornohefte durchstöbern werden, wenn sie sich in einem solchen Kiosk unbeaufsichtigt aufhalten dürfen.

Das Internet ist berechtigter Weise eine Herausforderung für unsere Pädagogik, aber in einem anderen Sinne, als die Diskussion zur Zeit geführt wird. Der Computer als solcher und das Internet im Besonderen fordert den einzelnen Menschen heraus, zu sich selber Stellung zu beziehen. Was unterscheidet den Menschen vom Computer, sind wir nur Biocomputer, wie manche Wissenschaftler meinen? Wer wertet in uns die aufgenommenen Informationen aus? Woher wissen wir, ob eine Information stimmt oder nicht? Es gilt auf diese Fragen eine Antwort zu finden, das heißt, seine Persönlichkeit zu entdecken und zu stärken, ansonsten wird man von den Computerprozessen aufgesogen. Ob der Mensch ein Biocomputer ist oder nicht, hängt davon ab, ob er sich dazu macht oder machen lässt.

Das reine Aufnehmen und Wiedergeben von Informationen ist nichts anderes als Glauben. Erst wenn man Informationen selbständig miteinander verknüpft und diese Verknüpfung durch Logik überprüft hat, kann man von Wissen reden. Diese Aussage klingt vielleicht banal, aber wenn man sein «Wissen» überprüft, kann man zu erschreckenden Erlebnissen kommen. Wir meinen, dass wir ungeheuer gebildet sind, dabei sind wir nur Gläubige einer neuen Religion. Ich möchte dies an einigen Beispielen verdeutlichen. Man kann heute jedes Kind fragen, wie das Verhältnis der Erde zur Sonne ist, und wird die Antwort erhalten, dass sich die Erde um die Sonne dreht, das weiß man doch. Weiß man das wirklich? Kann jeder, der das behauptet, es auch beweisen? Die Aussage, dass Astronauten das sehen können, ist kein Beweis; denn woher weiß ich denn, dass ihre Aussage stimmt? Waren überhaupt Astronauten im All? Wenn man also von wirklichem Wissen redet, muss man sagen: Die heutigen Menschen glauben, dass sich die Erde um die Sonne dreht, obwohl dieser Glaube im Widerspruch steht zu unserer Wahrnehmung. Wir halten die Menschen des Mittelalters für primitiv, weil sie glaubten, dass sich die Sonne um die Erde dreht; dabei entsprach dieser Glaube ihrer Wahrnehmung. Ich sehe jeden Tag, wie die Sonne im Osten aufgeht und im Westen unter, demnach ist es logisch anzunehmen, dass sich die Sonne um die Erde dreht. Erst wenn ich selber in mir den Beweis für das Kopernikanische Weltbild durchdenke, kann ich davon reden, dass ich weiß, dass sich die Erde um die Sonne dreht.

Die Religion der Gegenwart ist die Wissenschaft. Man kann heute jede Diskussion beenden durch die Aussage: «Das ist wissenschaftlich erwiesen» – ohne dass wir selber begründen könnten, warum es so ist. Es wird Zeit, dass wir ernst machen mit dem lebenslangen Lernen, nicht im Sinne einer unreflektierten Aufnahme von Informationen, d.h. Glaubenspostulaten, sondern im Sinne einer eigenständigen Erkenntnisarbeit.

In diesem Sinne ist das Internet das Medium der freien Menschen, ja es fordert die Freiheit des Einzelnen geradezu heraus. Wer dies allerdings nicht erkennt, wird schnell zum Spielball der Meinungsmacher und gibt unbewusst seine Möglichkeit zur Freiheit ab.

Das Internet, Freiheit für alle

Für die Befürworter des Internet steht die Freiheit des Einzelnen im Vordergrund, dabei wird häufig die Freiheit – wie so oft – mit Willkür verwechselt: Jeder kann die Informationen haben, die er will. Für sie steht das Internet für Bildung und Demokratisierung. Es wird lobend hervorgehoben, dass auch die Menschen in repressiven Staaten, wie zum Beispiel China, durch das Internet die Möglichkeit haben, sich umfassend zu informieren, und niemand kontrollieren kann, welche Informationen sie beziehen. Gleichzeitig könnten sie Menschen in anderen Ländern auf ihre Situation aufmerksam machen und um Hilfe bitten. Als weiteres Beispiel für das Überwinden von Grenzen durch das Internet wird der Jugoslawienkonflikt genannt. Während der Belagerung von Sarajevo konnte ein Teil der eingeschlossenen Menschen über Internet mit der Welt kommunizieren. So konnten sie Kontakt halten zu geflohenen Angehörigen und nach Vermissten suchen.

Diese Beispiele sollen zeigen, wie sich die Menschen durch das Internet näher kommen. Dabei sprechen die Befürworter häufig von dem «globalen Dorf»[44] der Zukunft – wobei übersehen wird, dass sich die Probleme der Menschen nicht nur durch Informationen lösen lassen. So wichtig es sicher war, dass die Menschen in Sarajevo die Möglichkeit hatten, über das Internet mit anderen Menschen zu kommunizieren, an ihrer Situation hat es nichts geändert. Auch die Erfindung des Telefons hat die Menschen einander näher gebracht, aber keine Kriege verhindert, wie einige Menschen nach der Verbreitung der Telefone glaubten.

Das Internet bietet neue Möglichkeiten der Kommunikation und Informationsübermittlung, aber eben auch nur Möglichkeiten. Und die versprochene Freiheit für alle müsste man eher als Unverbindlichkeit bezeichnen. Das «globale Dorf» führt die Menschen nicht nur zusammen, sondern auch schnell in eine neue Form der Einsamkeit. Wie stark die Unverbindlichkeit im Internet verbreitet ist, soll im Folgenden gezeigt werden.

Die Faszination der Unverbindlichkeit

Wer im Internet kommuniziert, hat von seinen Gesprächsteilnehmern nur die schriftlichen Informationen. Er weiß nicht, wie sie aussehen oder wie sich die Stimme des anderen anhört. Befragt er sein «Gegenüber» nach seinem Aussehen und seinen Eigenschaften, ist er auf die schriftlichen Angaben beschränkt und muss ihnen Glauben schenken. Jeder hat dabei die Möglichkeit, sich so darzustellen, wie er möchte; es gibt nur wenige Menschen, die eine wahrhaftige Darstellung ihrer Persönlichkeit geben. Wenn man ein «Chatforum» oder ein «Mud» («Multi user dungeon», meistens Spiele, in denen sich mehrere Spieler gleichzeitig aufhalten, sich begegnen und miteinander kommunizieren können) besucht, findet man eine Fülle gut aussehender Frauen und Männer, die mit den edelsten Eigenschaften ausgestattet sind.

Viele der Benutzer solcher «virtueller» Räume idealisieren aber nicht nur ihre Persönlichkeit, sondern schaffen sich neue künstliche Persönlichkeiten. So ist es nicht selten, dass Menschen bis zu fünf verschiedene Persönlichkeiten in virtuellen Welten haben, wovon mindestens zwei dem anderen Geschlecht angehören. Sherry Turkle hat sich intensiv mit diesem Phänomen auseinandergesetzt und geht in ihrem Buch *Life on the screen*[45] (engl.: Leben auf dem Bildschirm) darauf ein. Sie hat mit über tausend Menschen verschiedener Altersgruppen Gespräche geführt und dabei untersucht, welches Verhältnis die Einzelnen zu ihrem Computer haben. Dabei stieß sie auf Kinder und Jugendliche, die bereits über mehrere Persönlichkeiten in virtuellen Räumen verfügen. So erzählt ein Schüler, der in drei virtuellen Welten mit verschiedenen Persönlichkeiten auftritt, unter anderem als Frau: «Ich zerteile meinen Verstand. Ich werde besser darin. Ich erlebe mich selbst als zwei, drei oder mehr Persönlichkeiten. ... RL (real life, engl.: das reale Leben) ist nur ein weiteres Fenster (auf meinem Monitor), und es ist nicht mein bestes»[46] (Übersetzung durch den Autor).

Zu Grunde liegt die Faszination, jemand anders sein zu können – nicht nur im Rahmen eines Theaterstückes mit vorgegebener Rolle, sondern im «Alltag». Das kann dann so weit gehen, dass der Einzelne die Fähigkeit verliert, mit der realen Welt umzugehen. Jede Begegnung mit einem anderen Menschen wird belastend, da man sich nicht in gleichem Maße verbergen und verstellen kann. So verbringen diese Menschen immer mehr Zeit am Computer (bis zu 100 Stunden pro Woche) und kommunizieren in «Gestalt» ihrer selbstgeschaffenen Persönlichkeiten. Dies kann so weit gehen, dass man bereits von selbstgewählten Schizophrenien spricht. In den USA sind einige solcher Menschen bereits in klinischer Behandlung, da sie die Fähigkeit, ihr normales Leben zu meistern, verloren haben. Dass dieses Problem nicht nur in Amerika akut ist, zeigte sich im Frühjahr 1997, als der Fall eines Studenten durch die Presse ging, der von seinen Eltern in die psychiatrische Klinik zwangseingewiesen wurde, nachdem er über 70 Stunden ohne Unterbrechung im Internet gewesen war. Er hatte sich in der Zeit davor von seinen Eltern und seiner Freundin immer mehr zurückgezogen und schließlich in seiner Wohnung eingeschlossen. Nachdem seine Angehörigen kein Lebenszeichen mehr von ihm bekommen hatten, verständigten sie die Polizei, die die Tür aufbrach und ihn in verwahrlostem Zustand vor dem Computer fand. Er ist seitdem in psychiatrischer Behandlung. Dies ist sicher kein Einzelfall, abgesehen davon, dass sich in den meisten Fällen die Betroffenen so weit von ihrer Umwelt zurückgezogen haben, dass es keinem auffällt, wenn sie nur noch vor dem Computer sitzen. Meistens werden solche Menschen entdeckt, wenn der Gerichtsvollzieher auftaucht, weil sie die Telefonrechnung nicht mehr bezahlen können.

Trotzdem wird von den Verfechtern des Internet die Unverbindlichkeit im Internet gepriesen. Das Musterbeispiel ihrer Argumentation sind Behinderte, die aufgrund ihrer Behinderung im Alltagsleben keine oder nur sehr wenige Beziehungen haben. Ihnen wird im Internet die Möglichkeit geboten, mit Menschen aus aller Welt zu kommunizieren, ohne dass sich jemand an ihrer Behinderung stört. Des Weiteren biete die Anonymität Gelegenheit, über Dinge zu sprechen, über die man sonst nicht sprechen würde; so gibt es Foren in denen vergewaltigte Frauen ihre Erfahrungen austauschen.

Es gibt sicher Menschen, für die die Anonymität des Internet eine Hilfe darstellt, dies ist aber die Minderheit der Benutzer, für die meisten bietet es eine Möglichkeit zur Flucht aus dem Alltag und hat damit das Potential einer neuen Droge.

Jeder, der sich der Versuchung, in Form verschiedener Persönlichkeiten aufzutreten, hingibt, wird früher oder später mit der Frage konfrontiert, was das Besondere an der Persönlichkeit ist, die mit seinem Körper verbunden ist. Im positiven Sinne kann diese Konfrontation der Anstoß sein, sich intensiv mit sich selber auseinanderzusetzen und so zu einer tiefen Selbsterkenntnis zu kommen. Im negativen Sinne führt sie zur Negierung der körperlichen Persönlichkeit und dem Wunsch, nur noch in virtuellen Welten zu leben. So sagt ein Spieler, von dem sich herausstellt, dass er als Frau auftritt, die behauptet ein Mann zu sein: «Dies ist realer als mein reales Leben»[47] (Übersetzung durch den Autor).

Manch einer mag denken, dass nur eine geringe Anzahl von Menschen sich dieser Gefahr aussetzt. Die Zahlen sprechen aber dagegen, es gibt mittlerweile über 500 Muds, in denen sich regelmäßig mehrere Hunderttausend Menschen aufhalten, hinzu kommen die unzähligen Chatforen, deren Zahl ständig steigt. Jeder, der einen Computer mit Internetzugang besitzt, ist dieser Gefahr ausgesetzt – und damit auch mehr und mehr Kinder. Am Anfang ist es ein nettes Spiel, aber wenn die eigene Persönlichkeit nicht stark genug ist, kann es zur Sucht werden. Hier sind gerade Kinder und Jugendliche gefährdet, da sie noch keine voll ausgebildete Persönlichkeit haben.

Zusammenfassung und Versuch einer geisteswissenschaftlichen Betrachtung

Wie gezeigt wurde, bietet das Internet viele Möglichkeiten, aber es birgt auch eine Menge Gefahren in sich. Dabei kann es keine Form der Kontrolle für die Angebote im Netz geben, außer der Selbstkontrolle. So finden sich neben offiziellen Anbietern wie Universitäten und Regierungsstellen (Bundesregierung, Weißes Haus, NASA usw.) auch Sekten und Extremisten, die ihre Propaganda im Internet vertreiben. Die Foren, die eine Möglichkeit der Kommunikation bieten, bergen die Gefahr der Unverbindlichkeit in sich. Einige Sekten nutzen dies geschickt aus, sie knüpfen in derartigen Foren gezielt Kontakte, um neue Mitglieder anzuwerben. Dabei setzen sie ihre psychologischen Fähigkeiten ein, um die Menschen auszuhorchen und ihnen dann verlockende Angebote zu unterbreiten.

Betrachtet man unter diesem Gesichtspunkt die Visionen von Bill Gates und anderen, so wirken sie erschreckend. Er erhofft sich, dass in zehn Jahren in jedem Klassenzimmer der Welt mindestens ein PC steht, damit die Kinder den Umgang mit dem Netz lernen. Wenn die Menschheit wirklich so weit gehen sollte, dass die Datenautobahn im Sinne von Bill Gates verwirklicht wird, würde sie mehr verlieren als gewinnen. Schon heute empfinden viele Menschen die Verbindlichkeit im sozialen Miteinander als Belastung. Nur allzu gern weichen sie ihr aus, was sich unter anderem in der «Vereinsmüdigkeit» zeigt. Auch soziale Beziehungen werden mehr und mehr unter kommerziellen Gesichtspunkten betrachtet. Solange man sich von dem Anderen etwas erhofft, hält man den Kontakt aufrecht; wird zuviel von einem gefordert, bricht man den Kontakt ab. Verweigert der Andere die Anerkennung, die meistens als erstes gesucht wird, zieht sich der Mensch zurück. Das Internet fördert diese Haltung, weshalb es auf viele Menschen so attraktiv wirkt. Dabei sorgt die Fülle der angebotenen Informationen für einen gesteigerten Unterhaltungswert, zumal man selber jederzeit zwischen den Seiten mit Text, Grafik und Videos wechseln kann. Daher muss man auch den Bildungswert in Frage stellen.

Lernen kann man nur durch Übung und das Überwinden von inneren Widerständen. Es nützt einem nichts, wenn man weiß, dass $E = m \cdot c^2$ ist, wenn man nicht den Weg, der zu dieser Formel führt, durchdenkt. Kennt man nur die Formel $E = m \cdot c^2$, bleibt sie abstraktes und damit totes Wissen.

Das Internet ist also eher eine große Spielwiese, als eine Bildungseinrichtung. Dieses Spiel in der künstlichen Welt kann für einige Menschen hilfreich sein, wenn sie eine Rolle in Psychodramen übernehmen. Der Einzelne kann Aspekte seiner Persönlichkeit wie in Rollenspielen austesten. Damit dieses Austesten aber einen Wert für sein Alltagsleben hat, muss seine Persönlichkeit so stark sein, dass er in der Lage ist, die gemachten Erfahrungen zu übertragen. Labile Menschen sind hingegen gefährdet, da ihnen kein Therapeut zur Seite steht, der ihnen hilft, die Erfahrungen für das Alltagsleben nutzbar zu machen. Statt dessen sind sie ständig der Gefahr ausgesetzt, sich in der künstlichen Welt zu verlieren. Dies kann, wie oben gezeigt wurde, so weit gehen, dass es zu einer selbstgewählten Schizophrenie kommt.

Kinder und Jugendliche gehören in jedem Falle zur Gruppe der gefährdeten Menschen, da sie noch nicht über eine ausgebildete Persönlichkeit verfügen. Aber gerade sie werden aus verschiedenen

Gründen durch das Internet angesprochen. Für die Konzerne bilden sie die Kunden der Zukunft. Dies kommt in der Werbung zum Ausdruck, wo gerade der Bildungsaspekt immer wieder betont wird, um Eltern zu ermuntern, ihren Kindern einen Computer bereit zu stellen. Bill Gates hat im Dezember 1996 eine Stiftung gegründet, die zur Aufgabe hat, Jugendliche mit dem Computer und dem Internet vertraut zu machen. Als Startkapital stellte er 1,5 Millionen US-Dollar zur Verfügung. Schwerpunkt der Arbeit dieser Stiftung soll Europa sein. So sollen Kurse angeboten werden, in denen Schüler den Umgang mit Computerprogrammen erlernen und in das Internet eingewiesen werden. Von einem Teil des Geldes sollen Schulen, die noch keine Computer haben, Computer geschenkt werden.

Neben diesen wirtschaftlichen Interessen gibt es aber noch andere Gründe, die Eltern dazu veranlassen, ihren Kindern Computer zu kaufen. Seit den fünfziger Jahren wird der Jugend zugestanden, sich in einem gewissen Rahmen auszutoben. Der Jugendliche darf, auf der Suche nach seiner Persönlichkeit, verschiedene Dinge ausprobieren. Dabei wurde ihm mit zunehmender Liberalität immer mehr Spielraum eingeräumt. Dieses Ausprobieren umfasst die Kleidung ebenso wie soziales Verhalten (Beziehungen zu Freunden, die ersten sexuellen Erfahrungen), wobei man davon ausging, dass es sich um eine Phase handelt, die keine größeren bleibenden Konsequenzen für das weitere Leben haben werde. In der Gegenwart wird diese Begrenzung aber immer schwieriger, zum einen dadurch, dass den Jugendlichen immer früher zugestanden wird, mit solchen Experimenten zu beginnen, zum anderen dadurch, dass die Experimente immer extremer und damit gefährlicher werden, z.B. durch synthetische Drogen und Extremsport wie S-Bahnsurfen. Im Zeitalter von Aids bergen auch die ersten sexuellen Erfahrungen neue Gefahren in sich, die reale Konsequenzen für das weitere Leben mit sich bringen können.

Durch diese Situation befinden sich viele Eltern in einem Konflikt. Sie selber haben eine solche Experimentierphase durchlebt und wollen sie ihren Kindern nicht verwehren, gleichzeitig machen sie sich aber berechtigte Sorgen um die Zukunft ihrer Kinder. Die künstliche Welt scheint hier eine Lösung anzubieten. Die Jugendlichen können verschiedenste Erfahrungen im Cyberspace sammeln, scheinbar ohne dass diese direkte Konsequenzen im realen Leben haben. So können sie in Chatboxen flirten, ohne dass die Gefahr besteht, schwanger zu werden oder sich mit Aids anzustecken. Und sie können verschiedene Persönlichkeiten oder Aspekte ihrer Persönlichkeit spielerisch in Muds austesten. Man muss dabei aber bedenken, dass im Internet keine Korrekturen angeboten werden, wie es im realen Leben der Fall ist. Im Internet kann man jeder Kritik ausweichen, man kann jede Unterhaltung jederzeit beenden und sich hinter der angebotenen Anonymität verstecken. Das Internet als Freiraum zum Experimentieren hat also nur dann einen Sinn, wenn nebenher noch genügend reale soziale Kontakte bestehen, an denen der Jugendliche seine Persönlichkeit bilden und festigen kann, ansonsten birgt die vermeintliche Sicherheit der künstlichen Welt die Gefahr, die Persönlichkeitsbildung zu unterbinden und in eine neue Form von Abhängigkeit zu führen.

Das Internet ist ein reales Netz, das mittlerweile die ganze Erde umspannt, zum einen in Form elektrischer Impulse, die durch Telefonleitungen weitergeleitet werden, zum anderen durch elektromagnetische Funksignale, die über Satelliten gesendet werden. Wenn ein Wesen, das in der Lage ist, diese Ströme zu sehen, vom Kosmos auf die Erde schauen würde, sähe es die Erde und gerade die USA und Mitteleuropa wie in diesem Netz gefangen. Dabei ist dieses Netz kein statisches, sondern es pulsiert von den elektrischen Strömen, von denen es durchflossen ist. Dieses Pulsieren entspricht den binären Codes (siehe S. 13), die die Informationen zwischen den Computern vermitteln. Die binäre Logik und die intellektuelle Intelligenz sind, wie bereits gezeigt wurde, ahrimanische Eigenschaften. Die intellektuelle Intelligenz drückt sich im Internet nicht nur in der Art der dargebotenen Informationen aus, sondern auch in der Vernetzung. Verschiedenste Medien sind auf eine intelligente Art miteinander verbunden. Als Medium zur Verbreitung dienen «unterphysische» Kräfte: Elektrizität und Elektromagnetismus. Diese Kräfte können nur anhand ihrer Wirksamkeiten wahrgenommen werden, es sind also eigentlich geistige Kräfte. Unterphysisch sind sie deshalb, weil sie mit physischen Qualitäten versehen sind. Geistige Kräfte zeichnen sich dadurch aus, dass sie nicht an die Gesetze von Raum und Zeit gebunden sind; Kräfte wie Elektrizität und Magnetismus sind aber an räumliche Qualitäten gebunden: Wo eine negative Spannung ist, kann nicht gleichzeitig eine positive Spannung sein. Deshalb bezeichnet Rudolf Steiner diese Kräfte als unterphysisch. Man kann also sagen, dass das Internet ein ahrimanisches Netz ist, das die Welt in zunehmendem Maße umspannt (zu Ahriman siehe S. 46 u. 130).

Auch die Zielsetzungen, die mit dem Internet verbunden sind, weisen auf eine ahrimanische Wirksamkeit: die Isolierung der Persönlichkeit und die Förderung des Intellektualismus. Es wäre aber falsch, aus dieser Erkenntnis den Schluss zu ziehen, dass man das Internet verbieten müsse. Zum einen wäre dies eine unrealistische, weil undurchführbare Forderung, zum anderen würde man die ahrimanischen Kräfte nur verdrängen anstatt sie zu erlösen.

Rudolf Steiner schildert an verschiedenen Stellen, wie wichtig es ist, die ahrimanischen Kräfte zu erlösen, und betont, dass es dazu notwendig ist, ihnen aktiv etwas entgegen zu setzen. Was kann und soll der Mensch diesen ahrimanischen Einflüssen entgegenstellen? Ein Hinweis findet sich in dem Vortrag am 27. Februar 1917, in dem Rudolf Steiner auf den Kinematographen eingeht: «Wie er [der Mensch] da mit der Sucht entwickelt ein Heruntersteigen unter die sinnliche Wahrnehmung, so muss er ein Heraufsteigen über die sinnliche Wahrnehmung, das heißt in die geistige

Wirklichkeit, entwickeln. Dann wird ihm der Kinematograph nichts schaden; da mag er sich dann die kinematographischen Bilder ansehen, wie er will.»[48]

Je mehr sich also ein Mensch in das Unterphysische begibt, umso mehr muss er nach dem Geistigen streben. Dabei wird deutlich, dass sich in unserer Zeit kein Mensch diesem Prozess entziehen kann, da wir überall mit dem Unterphysischen konfrontiert werden. Gerade der Computer fordert also den Menschen indirekt auf, sich geistig zu entwickeln. Versäumt er dies, unterliegt er der Technik und verkommt selbst zu einer programmierbaren Mensch-Maschine.

Die erste Voraussetzung für ein aktives Entgegenwirken ist, dass jeder einzelne Mensch seine volle Persönlichkeit entwickelt, damit er den Einflüssen wirklich entgegentreten kann. So bleibt die Maschine das, was sie sein soll, ein Hilfsgerät für den Menschen, das ihm Arbeit abnimmt und ihm so ermöglicht, dass er sich auf seine geistige Entwicklung konzentrieren kann.

Es liegt also an jedem Einzelnen, sich für diese Auseinandersetzung zu rüsten, und es liegt an den Eltern und Lehrern, die kommenden Generationen auf diese Auseinandersetzung vorzubereiten.

Wenn man an diesem Punkt angelangt ist, wird aber auch deutlich, mit welcher Raffinesse Ahriman arbeitet. Denn das Internet korrumpiert gerade das Streben des Menschen nach Geistigkeit, das in jedem Menschen veranlagt ist – ob er davon weiß oder nicht. In dem Vortrag am 9. Oktober 1918 mit dem Titel: «Was tut der Engel in unserem Astralleib?»[49] schildert Rudolf Steiner, dass in die Seele eines jeden Menschen Bilder gelegt sind, die zu Idealen werden sollen. Dabei betont er, dass es an dem einzelnen Menschen liegt, ob er diese Bilder bewusst umsetzt oder verschläft. In dramatischer Weise schildert der Geistesforscher, was aus diesen Impulsen wird, wenn der Mensch sie nicht bewusst ergreift, sondern sie nur in seinem Unterbewusstsein wirken; dann verwandeln sie sich in ihr Gegenteil und wirken zerstörerisch. Dieser Vortrag ist sehr aktuell, denn die dort geschilderten negativen Prozesse finden sich in den heutigen Kulturerscheinungen und besonders im Bereich der Computermedien.

Die drei von Rudolf Steiner geschilderten Impulse lassen sich wie folgt zusammenfassen: Das wirkliche Interesse am anderen Menschen, die wirkliche Religionsfreiheit und die «unwiderlegliche Einsicht in die geistige Natur der Welt». Hinter allen drei Impulsen steckt ein Streben nach Erkenntnis der Geistigkeit: nach dem Geistigen im Menschen, den geistigen Wesen und den geistigen Wirklichkeiten hinter der Natur. Wenn der Einzelne nicht erkennt, dass es um die Erkenntnis des Geistigen geht, bleibt er an den äußeren Erscheinungen hängen. So verwandelt sich das Interesse am anderen Menschen in sexuelle Begierde, das Streben nach den Ursprüngen und Geheimnissen des Lebens und der Schöpfung in eine manipulative Medizin (z.B. Genforschung) und die Suche nach dem Geistigen in der Natur in die Entwicklung neuer Techniken. Zu der Verkehrung des dritten Prozesses sagt Steiner wörtlich: «Eine gewisse geistige Lenkung des maschinellen, des mechanischen Wesens wird man gerade auf diese Weise instinktiv erkennen lernen, und die ganze Technik wird in ein wüstes Fahrwasser kommen. Aber dem Egoismus der Menschen wird dieses wüste Fahrwasser außerordentlich gut dienen und gefallen.»[50] Wie gezeigt wurde, fördert der Computer die egoistischen Prozesse im Menschen. Darüber hinaus verbreitet sich zunehmend die Haltung, dass der Mensch nichts anderes als ein Biocomputer sei, wodurch die Suche nach dem Geistigen in dem anderen Menschen und der Natur untergraben wird. Die Menschen machen sich auf diese Weise zunehmend zu einer Maschine und verlieren so die Verbindung zu ihrem geistigen Ursprung.

Auch wenn in vielen Bereichen unserer Kultur die Zeichen dieser Gegenwirkungen zu den Engelimpulsen erkennbar sind, heißt das noch nicht, dass es zu spät sei. Da die Impulse in jedem Einzelnen wirken, können gerade die sichtbaren Gegenwirkungen dazu führen, dass der Einzelne an ihnen aufwacht, solange er nicht den Verlockungen erliegt. Auch unter diesem Aspekt steckt das Internet voller Chancen und Gefahren. Es bietet die Möglichkeit, dem anderen Menschen unabhängig von seiner leiblichen Erscheinung zu begegnen, und kann so das Interesse für das Wesentliche des Anderen wecken. Dies kann aber nur dann in einem positiven Sinne geschehen, wenn sich der Einzelne nicht hinter künstlichen Persönlichkeiten versteckt. In diesem Sinne ist das Internet ein Medium der Zukunft, denn ein gesunder Umgang mit dem Medium erfordert, dass wir unsere Persönlichkeit bereits ausgebildet haben.

Auf einer weiteren Stufe muss es darum gehen, dem Internet aktiv etwas entgegenzustellen. Das Internet bildet, wie gezeigt wurde, ein unterphysisches Netz, dem die Menschen ein «oberphysisches», also rein geistiges Netz entgegenstellen sollten. Ein solches «Netz» kann entstehen, wenn eine Anzahl von Menschen über die Erde verstreut in ernsthafter Weise nach höherer Erkenntnis strebt, aber nicht bloß in einem individuellen Sinne, sondern in dem Bewusstsein, damit für die gesamte Menschheitsentwicklung etwas zu tun. Verschiedene Gruppierungen und Interessengemeinschaften versuchen in diesem Sinne zu handeln, zum Beispiel die Mitglieder von Amnesty International, die ihre lokale Arbeit in dem Bewusstsein der internationalen Verbundenheit durchführen, auch wenn sie keinen regelmäßigen Kontakt zu anderen Mitgliedern haben können. Die «Allgemeine Anthroposophische Gesellschaft» wurde 1924 ganz in diesem Sinne von Rudolf Steiner begründet. Die einzelnen Mitglieder sollen ihr individuelles Erkenntnisstreben mit der Menschheitsentwicklung in Zusammenhang bringen. Im Zeitalter des Internet wird diese Aufgabe immer wichtiger, damit die Menschheit nicht den verführerischen Kräften, die auf sie einwirken, unterliegt.

Die größte Gefahr im Internet sind die künstlichen Welten, Muds, die von der realen Welt ablenken und eine Erkenntnis der realen Zusammenhänge untergraben. Jeder, der sich in diese künstlichen Welten begibt, läuft Gefahr, dass er den Bezug zur Realität verliert und sich statt dessen seine eigene Welt schafft. Die virtuelle Welt bietet einen Raum, in dem der Mensch eine leibfreie Persönlichkeit erstellen kann. Alle Erlebnisse innerhalb dieser künstlichen Welt spielen sich im Internet nur in den «Köpfen» der Benutzer ab. Damit gaukelt das Internet einen geistigen Zustand vor und verhindert, dass der Mensch seine wirkliche Geistigkeit entwickkelt. Diese kann nur an und durch die Auseinandersetzung mit der Materie gebildet werden. Nur an der Realität können wir überprüfen, ob unsere Vorstellungen richtig sind oder nicht, und nur durch diese Überprüfung können wir zu Erkenntnissen kommen.

Dieser Aspekt des Internet erlebt in der Entwicklung der «virtuellen Realität» seine Steigerung, deshalb beschäftigt sich das nächste Kapitel ausführlich mit dieser neuen Technik.

Cyberspace und Virtual Reality

Diese beiden Begriffe spuken durch die Welt. «Ein Gespenst geht um in Europa», dieser Satz aus dem kommunistischen Manifest (erschienen 1848), der sich auf den Kommunismus bezog, gilt in gleichem Maße für den Cyberspace. Dabei bezieht er sich in diesem Fall nicht nur auf Europa, sondern auf alle Industriestaaten.

Der Kommunismus war und ist eine Utopie, und in der Mitte des letzten Jahrhunderts erhoben ihn einige Menschen zum Ideal und versuchten, ihn zu verwirklichen. Als der obige Ausspruch getan wurde, gab es bereits eine Kommunistische Partei, und die Revolution lebte als Idee unter den Vordenkern. Cyberspace ist eine Utopie, und heute bemühen sich verschiedene Menschen, den Cyberspace zu realisieren. Teilstücke auf diesem Weg sind die Virtual Reality (virtuelle Realität) und Teile des Internet (Chatboxen und Muds[51]). Sie sind sozusagen der «real existierende Sozialismus» des Cyberspace, denn sie repräsentieren nur einen Teil des Ganzen.

Genauso schwammig wie der Begriff des Kommunismus im letzten Jahrhundert für viele Menschen war, ist es heute der Begriff Cyberspace. Trotzdem ist er in aller Munde; einige verbinden damit ihre Hoffnungen, andere haben Angst davor und sehen darin eine Bedrohung der Welt. Die Befürworter des Cyberspace gehen davon aus, dass die Gegner entweder noch nicht genug wissen oder Reaktionäre sind, die mit der Zeit aussterben werden, während der Cyberspace die glorreiche Zukunft bringt. Es gibt allerdings noch keine Cyberspaceparteien, und der Begriff der Revolution wird nicht mit Gewalt verbunden, sondern man spricht von einer technischen Revolution. Diese soll aber gewaltiger und weitreichender sein als alle bisherigen technischen Errungenschaften, zum Beispiel die Erfindung des Telefons.

Dieser Vergleich zeigt, dass man sehr schnell emotional an das Thema herankommen kann, was ja auch in der Presse meistens geschieht. Deshalb möchte ich zuerst die Begriffe erläutern, um dann zu einer Beurteilung kommen zu können. Da die virtuelle Realität bereits existiert, werde ich damit beginnen.

Eine kleine Geschichte
über die Wurzeln der VR-Forschung

Die Anfänge der VR-Entwicklung fallen zusammen mit den Anfängen der Computerentwicklung. Ausgangspunkt war die Frage nach der «Schnittstelle» (Verbindungsstelle) von Mensch und Maschine. Um die Entwicklung nachvollziehen zu können, muss man sich die ersten Rechenmaschinen vergegenwärtigen.

In den fünfziger Jahren kamen die ersten Rechner zu verbreitetem Einsatz. Ein damaliger Rechner füllte einen ganzen Raum und war sehr anfällig. Der Raum musste eine gleichbleibende Temperatur haben, und es durfte kein Staub in den Rechner kommen. Derartige Rechner waren nicht nur groß, sondern auch teuer. Sie fanden sich deshalb nur in Behörden, die große Mengen von Daten zu verarbeiten hatten, z.B. in Finanzämtern.

Der Rechner wurde von einem Programmierer «betreut», kein anderer Mitarbeiter hatte Zutritt zu dem abgeriegelten Raum. Sollte eine Rechnung durchgeführt werden, so wurden dem oder den Programmierer/n die Daten in schriftlicher Form zur Verfügung gestellt. Diese Daten wurden dann auf Lochkarten übertragen. Als nächstes musste das Programm geschrieben oder zumindest für die neue auszuführende Rechnung verändert werden. Dann konnten die Lochkarten nach und nach in den Rechner eingeführt werden. Am Ende spuckte der Rechner eine Lochkarte aus, die das Ergebnis der Rechnung darstellte. Diese musste entziffert und handschriftlich übertragen werden, damit dem Auftraggeber das Ergebnis vorgelegt werden konnte. Ein solcher Ablauf dauerte mehrere Tage, und aus heutiger Sicht ist es fast verwunderlich, dass sich der Computer dennoch durchsetzen konnte. Die Schnittstelle zwischen Mensch und Maschine wurde bei diesen Rechnern durch die Lochkarte repräsentiert. Es handelte sich also um eine mittelbare Schnittstelle, da die Daten von Menschen übersetzt werden mussten.

So war die Einführung der Tastatur in Verbindung mit dem Bildschirm ein großer Fortschritt. Auf dem Bildschirm wurden die Rechenprozesse des Computers sichtbar, und der Programmierer konnte unmittelbar eingreifen, da er die Befehle mit Hilfe der Tastatur direkt eingeben konnte. Es blieb aber weiterhin den «Fachleuten» vorbehalten, am Computer zu arbeiten, da es nötig war, die jeweilige Programmiersprache zu beherrschen.

Anfang der siebziger Jahre wurde die Programmiersprache BASIC entwickelt. Sie basiert auf einfachen englischen Befehlen (z.B. «if 10 = ja goto 40»). Durch die Einfachheit der Sprache waren auch die möglichen Programme beschränkt, aber es wurde einfacher, den Umgang mit dem Computer zu erlernen. In dieser zweiten Phase bestand die Schnittstelle also in der Tastatur und dem Monitor.

In der dritten Phase gelang es, Bewegungen zur Kommunikation mit dem Computer zu nutzen – ein Vorgang, der heute jedem Computerbesitzer möglich ist. Die Schnittstelle wird in diesem Fall durch die «Maus» erweitert. Mit Hilfe der Maus ist es möglich, zweidimensionale Bewegungen der Hand auf den Computer zu übertragen. Der Bewegung der Maus entspricht ein «Cursor»[52] (häufig als Pfeil dargestellt) auf dem Monitor. In dieser Phase werden auch Befehle und Programme durch Symbole ersetzt. So werden Programme durch sogenannte «Icons» (engl.: Werkzeuge) auf dem Bildschirm repräsentiert. Wird nun der Cursor über ein Icon geschoben und die linke Taste der Maus «geklickt», wird das Programm gestartet. Nur dank dieser Entwicklung konnte sich der PC so schnell verbreiten. Der Benutzer musste keine Kenntnisse über die Computersprache haben, er musste nur in der Lage sein, die Maus zu steuern, und wissen, welches Icon für welches Programm steht. Die Firma APPLE brachte als erste mit ihrem Macintosh-Rechner einen Computer auf den Markt, der mit einer Maus ausgerüstet war. Eine Abwandlung der Maus ist der «Joystick», bei dem statt des ganzen Gerätes nur ein Steuerknüppel bewegt wird.

Bei der ganzen Entwicklung geht es also darum, den Umgang mit dem Computer für den Menschen so angenehm wie möglich zu gestalten. Das Ideal dieser Entwicklung ist ein Gespräch zwischen Mensch und Maschine wie zwischen zwei Menschen – wobei klar ist, dass ein solches Gespräch nicht nur mit Worten geführt wird, sondern auch Tonfall, Gestik und Mimik des Menschen eine Rolle spielen. In den verschiedensten Labors wird daran gearbeitet, den Computer so weit zu bringen, dass er den Menschen versteht, wie ein Mensch den anderen verstehen kann. Geräte wie der «Dataglove» (engl.: Datenhandschuh) und das HMD (Head Mounted Display = Datenbrille) sind für diese Forschung nur Zwischenschritte auf dem Weg zum Ziel. Aber gerade diese Zwischenschritte haben uns die virtuelle Realität beschert. Der Mensch ist wie Alice im Wunderland durch den Spiegel auf die andere Seite getreten. Er sitzt nicht mehr vor dem Rechner und betrachtet einen zweidimensionalen Monitor, sondern er befindet sich mit seiner visuellen Wahrnehmung mitten im Geschehen. Dies ist ein Beispiel für die «Immersion» (Einbeziehung) des Benutzers.

Der Teil der Forschung, der sich mit einer weiteren Immersion des Benutzers beschäftigt, entfernt sich aber damit gleichzeitig von den Ursprungsimpulsen der Forschung. Denn eigentlich ging es ja darum, die Maschine so zu gestalten, dass sie den Bedürfnissen und Fähigkeiten des Menschen gerecht wird, und nicht darum, den Menschen in die Maschine zu versetzen. Denn gerade auf die angestrebte Bequemlichkeit muss der Träger eines HMDs und eines Datagloves verzichten. Die Bequemlichkeit wird uns zwar bei Erreichen der Vision vom Cyberspace versprochen, aber nur auf Kosten eines operativen Eingriffs (siehe unten).[53]

Virtuelle Realität

Der Begriff der virtuellen Realität bezeichnet eine künstliche optische Welt. Diese ist nicht mit dem Film zu verwechseln. Ein Film ist ein analoges Medium, er zeichnet auf, was vorhanden ist. Die hier gemeinte künstliche Bilderwelt ist etwas anderes. Gemeint sind kreierte Computergraphiken, die so echt wirken sollen, dass der Betrachter sie für real hält. Dabei handelt es sich wohlgemerkt nicht um digitalisierte Bilder realer Gegenstände, sondern um dreidimensionale Computerbilder, die aus jedem Blickwinkel betrachtet werden können.

Es gibt zum Beispiel ein Programm, das die Pariser Kathedrale Notre Dame simuliert. Hierfür wurden die Baupläne in Form von Maßketten eingegeben. Das Computerprogramm entwickelte daraus ein dreidimensionales Raster der Kathedrale. Dieses Raster wurde dann «bemalt» – d.h. den entstandenen Rasterflächen wurden Farben und Muster bzw. Strukturen zugewiesen –, wobei die Farben an der Wirklichkeit orientiert sind. Das Programm ist des weiteren in der Lage, die Sonneneinstrahlung durch die Fenster für jeden Tag und jede Stunde zu simulieren. Nachdem diese Daten einmal erstellt sind, kann man sich frei in der Kirche bewegen, sogar freier als in der Realität, denn man ist nicht an den Boden gebunden. Bevor man die künstliche virtuelle Kirche «betritt», bestimmt man den Tag und die Uhrzeit. Dann erscheint der Innenraum auf dem Monitor in der simulierten Beleuchtung. Nun kann man sich nach Lust und Laune in dem Raum bewegen, wobei man den Blickwinkel mit einer Maus steuert.

In gleicher Weise lassen sich irreale Räume, Gegenstände und Wesen darstellen. Durch die Verbindung verschiedener Räume und Gegenstände können künstliche Welten erschaffen werden, in denen sich der Betrachter bewegt. Derartige Programme werden heute schon recht häufig verwendet, zum Beispiel von Architekten, die mit Hilfe solcher Programme den Auftraggebern einen Eindruck des noch nicht gebauten Hauses vermitteln. Der Auftraggeber sieht die Innenräume, die Lichtverhältnisse in den verschiedenen Jahreszeiten und Ähnliches. Auch die Filmindustrie verwendet solche Programme; die bekanntesten Beispiele sind die Dinosaurier in *Jurassic Park* von Steven Spielberg und der Film *Toy Story* von Walt Disney. *Toy Story* ist der erste Film, der nur auf dem Computer kreiert wurde. Derartige Programme werden aber auch schon für Computerspiele verwandt.[54]

Das bisher Geschilderte ist die erste Stufe der virtuellen Realität: die Simulation künstlicher Räume und Welten (es lassen sich auch zwei und mehr Sonnen oder Monde simulieren). Die hier verwendeten Programme bilden auch die Grundlage für alle weiteren Stufen der virtuellen Realität.

In dem oben genannten Beispiel wurde das künstliche Bild auf einem Monitor dargestellt. Es handelt sich also um einen synthetischen Film, dessen Kamera von dem Betrachter gesteuert wird! Auch wenn es sich um eine dreidimensionale Graphik handelt, bleibt das Bild des Monitors zweidimensional. Es bedarf eines großen Monitors oder der ungetrübten Aufmerksamkeit des Betrachters, damit der Eindruck von Realität entsteht. Alle anderen Sinne, die die wirklich reale Umgebung vor dem Monitor oder der Leinwand vermitteln, müssen ausgeschaltet werden.

Auch die nächste Stufe der virtuellen Realität ist bereits verwirk-

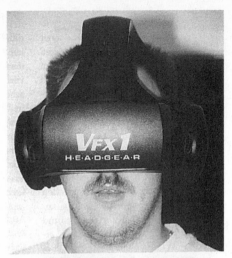

Frontansicht und Innenansicht eines Datenhelmes[55]

licht. Der Monitor wird durch einen Helm ersetzt. Direkt vor den Augen befinden sich Linsen (bei den billigen Versionen kleine Bildschirme), auf denen das Bild dargestellt wird. Das Computerprogramm berechnet den Augenabstand und liefert zwei unterschiedliche Bilder. Dadurch sieht der Betrachter ein wirklich dreidimensionales Bild. Die besten Brillen dieser Art können heute das Auge derart täuschen, dass ein realer Eindruck entsteht.

Meistens ist aber noch die Graphik als solche zu erkennen. Die Oberflächen der Gegenstände sind zu glatt und wirken daher künstlich. Das Hauptproblem der Programmierer ist aber die Reflexion. In der Wirklichkeit reflektieren die Gegenstände, z.B. eine Mauer, einfallendes Licht; ein Monitor strahlt immer und an jeder Stelle Licht ab, dadurch leuchten die dargestellten Gegenstände, was sich nicht verhindern lässt. Diesen Unterschied bemerkt allerdings nur ein genauer Beobachter; da heute bereits viele Menschen in ihren Sehgewohnheiten durch das Fernsehen geprägt sind, fällt ihnen dieser Unterschied kaum auf. Die Bewegungen des Bildes werden nun in diesen Fällen nicht mehr durch eine Maus gesteuert, sondern durch den Helm. In dem Helm sind Sensoren, welche die Bewegungen messen und danach das Bild berechnen. Das Bild folgt demnach der Bewegung des Kopfes und nicht der Bewegung der Augen! Um diese Bewegungen simulieren zu können, bedarf es sehr großer Rechner, meistens sind die Bewegungen in ihrem Ablauf heute noch nicht flüssig, sondern holprig. Dies wird sich aber bald ändern, da die Rechner immer leistungsfähiger und billiger werden.

Problematisch ist dagegen der Umstand, dass man den ganzen Kopf bewegen muss, um die Blickrichtung zu ändern. Im Alltag bewegen wir zum Großteil nur die Augen; deshalb bedarf es einer Eingewöhnungsphase, bevor man sich in der virtuellen Welt «bewegen» kann. Die virtuelle Realität ist damit fast schon Wirklichkeit (auch die Steuerung des Bildes durch Bewegung der Augen könnte bald Wirklichkeit werden).

Ein Schlagwort in Verbindung mit der virtuellen Realität ist die «Immersion», d.h. die Einbindung des Benutzers in das Geschehen. Die Forschung hat zum Ziel, diese Einbindung so komplett wie möglich zu vollziehen und damit die virtuelle Realität zu einer vollwertigen, künstlichen Realität im Sinne des Cyberspace auszubauen.

Cyberspace

Der Begriff Cyberspace stammt von dem Science-fiction-Autor William Gibson. Er schildert in seinem Roman «Neuromancer» eine futuristische Welt, in der alle Computer miteinander vernetzt sind. Die Menschen dieser Gesellschaft können sich in dieses Netz einloggen und betreten damit den Cyberspace, eine Welt, die aus graphischen Darstellungen der Daten besteht. Der Begriff Cyberspace wird deshalb von einigen Menschen auch auf das Internet angewendet. Einige Zeit existierte der Begriff Cyberspace nur in Science-fiction-Romanen, wo er immer mehr erweitert wurde. Die verschiedenen Komponenten, die sich hinter dem Begriff Cyberspace verbergen, sind folgende:

1. Die Vernetzung aller Computer mit ungehindertem Datenfluss.

2. Das Erschaffen einer künstlichen Computerwelt. Hierbei ist nicht nur eine virtuelle Welt gemeint; vielmehr sollen alle Sinne (Sehsinn, Tastsinn, Wärmesinn, Gehörsinn, Geruchssinn, Geschmackssinn) künstlich stimuliert werden und so eine hundertprozentige Scheinwelt vermitteln.

3. Das ganze System ist zu hundert Prozent interaktiv. Dies bedeutet, dass der Mensch nicht nur vorgegebene Programme mit eingebauten Variationsmöglichkeiten abruft, sondern während der Benutzung selber Programme gestaltet. In der Fiktion werden hierfür die Menschen mit den Computern vernetzt. «Implantier-

te» (eingepflanzte) Chips leiten die Gehirnströme an den Computer weiter, der dann die Gedanken und Vorstellungen in künstliche Bilder umsetzt.

Einiges hiervon wird Utopie bleiben, dennoch arbeiten Wissenschaftler daran, den Cyberspace oder Teile desselben zu realisieren, wobei dies aus unterschiedlichen Gründen geschieht. Zum ersten Punkt, der Vernetzung aller Computer, verweise ich auf das Kapitel «Internet», welches sich speziell mit diesem Thema beschäftigt.

Im Bereich der totalen künstlichen Realität werden bereits einige Fortschritte gemacht. Die hier erzielten Ergebnisse knüpfen an die virtuelle Realität an und erweitern diese. Am einfachsten ist diese Erweiterung in Bezug auf den Gehörsinn. So sind die oben geschilderten Datenbrillen (HMDs, engl.: Head Mounted Displays) mit Kopfhörern versehen (siehe Abbildung auf S. 112). Die verschiedenen Animationen (Bilderfolgen) werden mit Geräuschen verbunden (so hört man zum Beispiel das Knarren einer Tür, wenn sie sich öffnet). Auch ein räumlicher Klang kann heute bereits sehr gut simuliert werden (z.B. ein vorüberfliegendes Flugzeug). Schwieriger, aber mittlerweile nicht mehr unmöglich, ist es, derartige Geräusch mit der Bewegung des Kopfes zu verbinden. Normalerweise, d.h. solange die Geräusche durch einen herkömmlichen Kopfhörer übermittelt werden, kommt ein simuliertes Geräusch z.B. immer von hinten nach vorne, auch wenn man den Kopf währenddessen dreht. Diesen Mangel zu beheben ist bisher nur im Labor perfekt möglich.

Zur Zeit wird auch schon an der künstlichen Stimulierung des Tastsinnes gearbeitet. Hierfür werden sogenannte Datenhandschuhe verwendet. Auch diese Handschuhe sind mit Sensoren ausgestattet und übermitteln ihre Position an den Computer, so dass der Benutzer seine simulierte Hand mit einem simulierten Arm in der virtuellen Welt sehen kann. An den Gelenken der Handschuhe befinden sich Druckfedern, die vom Computerprogramm gesteuert werden. Wenn der Benutzer zum Beispiel ein Treppengeländer sieht, kann er dieses anfassen, dabei blockieren die Federn die Bewegung, so dass das Gefühl entsteht, etwas Hartes zu umfassen. So kann der Benutzer auch Türgriffe ergreifen, herunterdrücken und die Tür öffnen, wobei die Bewegungen, die er sieht, mit den Empfindungen übereinstimmen. Es ist aber bisher nur möglich, Widerstände zu simulieren, wohingegen der reale Tastsinn wesentlich differenzierter arbeiten kann.

Wenn wir einen Gegenstand abtasten, sind wir in der Lage, einen Eindruck von seiner Oberflächenstruktur zu erhalten. Um einen solchen Eindruck künstlich zu erzeugen, müssten alle Sinneszellen in der Haut einzeln gereizt werden. Einige Universitäten arbeiten an solchen Datenhandschuhen; ihr Ziel ist es, ganze Datenanzüge zu kreieren, die es ermöglichen, die Tastempfindungen des ganzen Menschen zu stimulieren. Zwar ist es bis dahin noch ein langer Weg, doch wenn genug Menschen daran arbeiten und die nötigen Mittel erhalten, wird es wohl irgendwann möglich sein, solche Simulationen zu erzeugen. Ob sie einen Sinn haben, und wenn ja, welchen, ist allerdings eine andere Frage.

Die künstliche Stimulierung der anderen Sinne durch Computer bleibt vorerst eine Utopie. Der Wärmesinn wäre denkbar, aber nicht in Kombination mit einem Datenanzug. Ein Datenanzug müsste den ganzen Körper bedecken, des Weiteren müsste er über eine gewisse Dicke verfügen, da die Reizübermittlung durch Stifte geschieht, die auf die Haut drücken. In einem solchen Anzug würde es dem Benutzer unweigerlich sehr schnell sehr warm, und es ist nicht vorzustellen, man könne ihm dann noch eine differenzierte Wärmeempfindung simulieren.

Was die Implantate betrifft, so wird bisher hauptsächlich im Bereich der Medizin geforscht. Hierbei geht es nicht darum, die Gehirnströme auf den Computer zu übertragen, sondern die Nerven durch direkte computergesteuerte Impulse zu reizen. Derartige Implantate sollen z.B. Sinnesorgane ersetzen. So gibt es die bereits erprobte Möglichkeit, eine lichtempfindliche «Fotozelle» auf die Netzhaut zu bringen, die mit den Sehnerven verbunden ist. Hierdurch kann Blinden eine begrenzte Sehfähigkeit gegeben werden; sie sehen die Schemen der Umgebung in Graustufen. Dies mutet unglaublich an, es gibt aber schon Menschen, die mit solchen Implantaten versehen wurden. Ähnliche Implantate gibt es für Hörgeschädigte. Mini-Empfänger werden dem Patienten im Ohr implantiert und mit den Gehörnerven verbunden. Diese werden durch die Signale des Empfängers stimuliert und ermöglichen es dem Patienten zu hören. Je kleiner die Computerbausteine werden, umso leistungsfähiger werden solche Implantate.

Im Sommer 1997 wurde bekannt, dass es gelungen ist, einen Speicherchip zu kreieren, der als künstliches Gedächtnis implantiert werden kann. Der Chip wird unter der Kopfhaut eingesetzt und ist mit einer Miniaturkamera verbunden, die sich im Auge befindet, und einem Mikrofon, das im Ohr implantiert wird. Der Chip speichert alle akustischen und visuellen Reize des Menschen. Bisher ist dies nur für einen Zeitraum von 16 Stunden möglich. Danach wird der Chip entfernt und an einen Computer angeschlossen, mit dem man die gespeicherten Daten abrufen kann. Die ersten Anwendungsbereiche derartiger Chips liegen sicher im Bereich der Spionage, aber es wird darüber nachgedacht, wenn erst die Speicherkapazität erhöht worden ist, zum Beispiel Piloten mit solchen Implantaten auszurüsten, so dass man nach Unfällen rekonstruieren kann, was sie wahrgenommen haben. Sollten solche Visionen verwirklicht werden, würde man die Betroffenen jeder Privatsphäre berauben, da sie immer damit rechnen müssen, dass ihre Erlebnisse von fremden Menschen eingesehen werden.

Sicherlich wird es möglich sein, die Gehirnströme mit Hilfe von Implantaten abzuleiten und in Computer einzuspeisen. Ein entsprechendes Programm könnte diese Daten in Bilder umsetzen, dabei würden aber nie die Bilder entstehen, die der Mensch in seiner Vorstellung hat. Das Bild der Vorstellung liegt nicht im Reiz des Nerven. Ich möchte dies an folgendem Beispiel deutlich machen: Jede Reizung des Auges empfinden wir als Lichtreiz, auch einen Schlag auf das Auge, der als Lichtblitz erlebt wird, obwohl kein äußeres Licht auf die Netzhaut auftrifft. In beiden Fällen – einfallendes Licht und Schlag auf das Auge – werden die Sehnerven gereizt. Dass wir ein Lichtempfinden haben, liegt aber nicht an dieser Reizung, sondern in unserer Vorstellung, im Geistigen. Wenn man die Reize der Nerven in Bilder umsetzen würde, kämen Muster zustande, deren Form und Farbe von dem verwendeten Programm abhingen. Dieser Teil des Cyberspace wird also in alle Ewigkeit eine Utopie bleiben.

Es wäre aber denkbar, dass mit Hilfe von Implantaten die künstliche Realität erweitert wird. Durch derartige Implantate könnten bis zu einem gewissen Grade die Sinne stimuliert werden. Dazu wäre es aber notwendig, dass sich Menschen derartige Implantate einpflanzen lassen, die dann mit einem Computer verbunden werden. Die Sucht nach Scheinwelten wird sicher nur in extremen Einzelfällen so weit gehen, dass sich Menschen für derartige Experimente hergeben.

Zusammenfassung und Versuch einer geisteswissenschaftlichen Betrachtung

Die virtuelle Realität ist heute schon real und in einigen Teilbereichen schon allgegenwärtig. Eine gesteigerte Immersion des Menschen durch Datenbrillen und Handschuhe bis hin zu Implantaten ist für einige wenige Menschen zugänglich. Die nötigen Anlagen sind sehr teuer und noch nicht für den Heimgebrauch geeignet. Es werden zwar schon Datenhelme für den Privatkunden angeboten, aber deren Leistungen entsprechen nicht den an sie gestellten Erwartungen. Mit Sicherheit trägt einerseits die Bekanntheit, andererseits die geringe Verfügbarkeit dazu bei, dass so viele Menschen von virtueller Realität sprechen. Sie sprechen darüber, ohne Erfahrungen zu haben, aber gerade dadurch können sie ihre Vorstellungen und Wünsche mit diesem Wort verbinden. Dabei umfassen ihre Träume meist mehr, als die virtuelle Realität je erfüllen kann. Vielmehr werden Aspekte des Cyberspace mit den Vorstellungen verbunden. Zweifellos gibt es genug Menschen, die gerne ihre Träume (mit Sicherheit nur die schönen) erleben würden.

In Amerika fanden bereits Hochzeiten in der virtuellen Realität statt. Hierbei trugen die Brautleute und der Pastor je eine Datenbrille und bewegten sich in einer virtuellen Kirche. Die geladenen Gäste beobachteten die drei Personen und sahen das virtuelle Geschehen auf einem großen Monitor. Für die Gäste war es sehr erheiternd zu sehen, wie die Brautleute in die Luft griffen, während sie sich in der virtuellen Welt umarmten. Noch begeistern derartige Ereignisse viele Menschen, und aus Neugierde möchten sie auch den virtuellen Raum erkunden. Ich gehe aber davon aus, dass es für viele Menschen ein einmaliges Erlebnis bleiben wird, da sie von dem Ergebnis enttäuscht werden.

Hinzu kommt, dass einige Menschen mit physischen Symptomen wie Erbrechen und Kopfschmerzen auf diese Art der virtuellen Realität reagieren (etwa 15 bis 20% derjenigen, die sich schon in die virtuelle Realität begeben haben). Für derartige Erscheinungen gibt es bereits eine Bezeichnung: «virtual sickness» (engl.: virtuelle Übelkeit). Um eine solche Reaktion zu vermeiden oder zumindest die Häufigkeit zu verringern, empfehlen die Hersteller von Datenbrillen, diese nicht länger als 15 Minuten zu tragen.

Die Bedeutung des Cyberspace und der virtuellen Realität liegt aber nicht so sehr in dem, was schon realisiert ist und vielleicht noch realisiert wird, sondern darin, wie sie auf die Vorstellungen der Menschen wirken. Darin sind sie allerdings der Idee des Kommunismus ähnlich. Und wie die Idee des Kommunismus fördern sie ein materialistisches Denken.

Der Kommunismus reduziert die Entwicklung der Menschheit auf den Kampf der Klassen. Alles Geistige wird abgetan als «Opium fürs Volk», mit dem die Masse der Arbeiter von den Problemen abgelenkt werden soll. Der Kommunismus ist aber nicht nur eine Idee, sondern auch Programm, er soll die Vorstellung in die Realität umsetzen.

Hinter der Idee des Cyberspace steht ein materialistisches Menschenbild: Der Mensch ist ein Biocomputer, den man ohne weiteres mit anderen Computern verbinden kann. Die Computer dienen dem Menschen, sie nehmen ihm lästige Aufgaben ab oder helfen ihm zumindest, sie zu lösen. Des Weiteren sollen sie ihn auch unterhalten und seine Träume verwirklichen oder zumindest real erscheinen lassen. Dabei wird nicht hinterfragt, woher die Träume des Menschen stammen. Wenn man den obigen Gedanken zu Ende denkt, wären auch die Träume nur ein Produkt des Biocomputers Mensch. Demnach gäbe es aber keine wirkliche Freiheit des einzelnen Menschen, da jeder Computer einem Programm folgt; es bleibt dann auch die Frage, wer den Biocomputer Mensch programmiert hat. Der Cyberspace ist nicht nur eine Idee, sondern ebenso ein Programm; er soll die Vorstellungen der Menschen in Realität umsetzen, wenn auch in eine künstliche. Die Gelder, die dafür verwendet werden, fehlen allerdings schon jetzt ganz real für andere Aufgaben.

Immer wieder tauchen derartige Ideen auf, die einen ähnlichen Charakter haben, aber nicht alle werden von den Menschen aufgegriffen. Auch die Idee des Cyberspace wurde am Anfang nur von wenigen Menschen aufgenommen. Es waren ausnahmslos Science-fiction-Fans. Daraus ergibt sich die Frage, welche Bedingungen gegeben sein müssen, damit sich eine solche Idee auf die Gesellschaft auswirken kann. Als erstes muss bei einer größeren Anzahl von Menschen ein Interesse für die Idee vorhanden sein. Bei Ideen mit utopischem Charakter ist dieses Interesse meist unbewusst. In diesem Stadium bietet die Idee dem Einzelnen noch genug Freiraum, sie mit seinen eigenen Phantasien auszufüllen. Um einen solchen Verlauf zu verdeutlichen, möchte ich als Beispiel die bemannte Raumfahrt erläutern.

Als sich die materialistische Naturwissenschaft ausbreitete, verbanden sich viele Vorstellungen und Wünsche mit den neuen Möglichkeiten. Mehr und mehr Vorgänge in der Natur wurden erklärbar, immer neue Erfindungen erleichterten das Leben und lösten bisher als unlösbar geltende Probleme. In dieser Zeit erschienen Romane, in denen die mögliche Zukunft geschildert wurde; es entstanden die Science-fiction-Romane. Einer der ersten, der sich mit der bemannten Raumfahrt beschäftigte, war Jules Vernes Roman *Von der Erde zum Mond* (erschienen 1848!). Derartige Bücher beflügelten die Phantasie der Menschen und regten dazu an, nach Möglichkeiten zu suchen, diese Idee zu verwirklichen. Nachdem die ersten unbemannten Raketen gestartet waren, wurde die Idee etwas konkreter. Dadurch wurde sie von mehr Menschen wahrgenommen, die sie mit ihren Vorstellungen verbanden. Die Idee der Raumfahrt boomte, und immer mehr Science-fiction-Romane erschienen. Als die Idee der bemannten Raumfahrt dann zum Programm erhoben wurde (z.B. von der amerikanischen Regierung), löste sie eine regelrechte Euphorie aus. Diese mobilisierte die Kräfte und Gelder für die Realisierung: Die Menschen begannen den Weltraum zu erobern. Heute ist die bemannte Raumfahrt Realität. Weltraummissionen werden zwar noch mit Interesse verfolgt, aber die anfängliche Euphorie ist verschwunden, da die Idee nicht mehr den anfänglichen Freiraum für die Phantasie des Einzelnen bietet. In dem Maße, wie das Interesse an den konkreten Umsetzungen abnahm, verlagerte es sich wieder mehr in den Bereich der Science-fiction-Romane und -Filme. Selbst heute mögliche Vorhaben, wie der Bau einer großen Raumstation oder eines bemannten Fluges zu einem Planeten, werden nicht realisiert, da nicht mehr genug Menschen mit dieser Idee verbunden sind.

Seit dem Sommer 1996 kann man nun erleben, wie gerade diese

Ideen wieder beflügelt werden. Es geht um die anstehenden Marsmissionen. In den verschiedensten Medien wird das Interesse der Bevölkerung für dieses Vorhaben geweckt. Ausgangspunkt war die Mitteilung, dass in einem Meteoriten, der vom Mars stammen soll, Spuren von Leben gefunden wurden. Neben den wissenschaftlichen Mitteilungen wird das ganze Unternehmen durch die Filmindustrie unterstützt. Der Film «Independence day» hat ein Millionenpublikum erreicht und die Idee einer Konfrontation mit außerirdischen Lebensformen aufs Neue geweckt. Es ist sicher kein Zufall, dass die erste Marssonde, die eine bemannte Landung vorbereiten soll, am «Independence day», dem 4. Juli 1997 auf dem Mars landete. Durch die Vorbereitung in den Medien hat sich erneut eine Mehrheit in der amerikanischen Bevölkerung gefunden, die die kostspieligen Weltraumprojekte der Regierung unterstützt.

Dies ist die äußere Beschreibung des Ablaufes. Was steckt aber innerlich bei den einzelnen Menschen dahinter, dass sie sich mit einer Idee derart verbinden? Wenn man dieser Frage nachgeht, entdeckt man, dass es zwei Arten der Verbindung gibt: Zum einen eine aktive Verbindung, die sich in Taten äußert, zum anderen eine passive, die im Interesse an der Idee zu erkennen ist.

Im ersten Fall wird die Idee zum Ideal, dafür muss sich der Mensch persönlich mit einer Idee verbinden. Er muss eine innere Frage haben, deren Lösung er bewusst anstrebt. Bei den anderen Menschen liegt eine solche Frage im Unterbewussten, deshalb verbinden sie sich nicht aktiv mit der Idee und erheben sie zum Ideal, sondern verfolgen die Entwicklung der Idee mit Interesse.

Man kann sich also nun fragen, welche inneren Fragen die Menschen hatten, sodass sie sich mit der Idee der bemannten Raumfahrt verbanden. Dabei muss man bedenken, dass die innere Frage individuell gefärbt ist; handelt es sich jedoch um eine Idee, die bei sehr vielen Menschen auftaucht, ist ein verbindendes Motiv zu vermuten. Mit der Ausbreitung der Naturwissenschaften ging einher, dass die Welt «entgöttlicht» wurde. Vorher waren die Geheimnisse der Welt für die Menschen ein Ausdruck für die Schöpfung eines oder mehrerer Götter. Jetzt wurden die Phänomene nach und nach erklärbar. Dies wirkte beunruhigend auf die Menschen; es tauchte in ihnen bewusst oder unbewusst die Frage auf: Gibt es höhere Wesen, und wenn ja, wo? Diese Frage liegt vielen Erfindungen und Erscheinungen der Neuzeit zugrunde.

Nach der Erfindung der Fotografie versuchten verschiedene Menschen, zum Beispiel auch Aufnahmen von Geistern zu machen, heute findet man auf Esoterikmessen Stände, an denen Aura-Fotografien erstellt werden. Nachdem das Geistige scheinbar nicht mehr auf der Erde zu finden war, richtete sich die Aufmerksamkeit auf das Weltall. Da man nur noch glaubte, was man sah, gab es Menschen, die den Weltraum erobern wollten, um nach den höheren Wesen zu suchen. Dabei griff das materialistische Denken immer mehr um sich, aus höheren geistigen Wesen wurden höher entwickelte außerirdische Lebensformen. Während im Mittelalter die Menschen noch von Begegnungen mit Dämonen und Engeln sprachen, berichteten nun immer mehr Menschen von Begegnungen mit UFOs und Außerirdischen. Auch naturwissenschaftlich nicht erklärbare Phänomene, wie die Pyramiden der Ägypter, wurden von Einzelnen, zum Beispiel von Erich van Dänecken zu Bauwerken von Außerirdischen erklärt. Die innere Frage wurde aber durch die Raumfahrt nicht beantwortet, statt dessen waren die Ergebnisse der Mondlandungen ernüchternd. Der Mond war nur ein unbelebter Stein im Weltall. Durch die naturwissenschaftlichen Erkenntnisse wird auch der Kosmos entgöttlicht, deshalb wenden sich die Menschen verschiedenen Ideen zu. Entweder suchen sie weiter in materialistischer Form, oder sie suchen mit Hilfe ihrer Phantasie nach Antworten. So ist auch die Esoterikwelle eine direkte Folge dieser Entwicklung.[56]

Welche innere Frage verbindet nun die Menschen mit der Idee

vom Cyberspace? Es gibt natürlich individuelle Unterschiede, aber auch hier muss es einen gemeinsamen Nenner geben, welcher der Idee des Cyberspace eine so weite Verbreitung verschafft hat. Zuerst möchte ich an dieser Stelle darauf schauen, wie derartige innere Fragen entstehen. In dem oben genannten Beispiel lag die Hauptursache in den äußeren Verhältnissen. Die Menschen in der Übergangszeit vom Mittelalter zur materialistisch orientierten Neuzeit hatten noch die alten Vorstellungen in sich, die nicht mit den neuen Erkenntnissen übereinstimmten. Dabei waren sich viele dieses inneren Konflikts nicht bewusst, sie erlebten den Zwiespalt in ihren Gefühlen, also in ihrer Seele.

In der Seele der Menschen leben aber auch Bilder und Vorstellungen, die nicht aus dem direkten Erleben der äußeren Welt stammen, zum Beispiel die Idee der Brüderlichkeit. Sie sind wie Urbilder, die jeder Mensch in sich trägt. Der Geistesforscher Rudolf Steiner schildert, dass höhere Wesen den Menschen derartige Bilder in die Seele legen. Diese Bilder deuten auf zukünftige Zustände der Menschheit, wobei es dem Menschen freisteht, ob er sich bewusst mit diesen Bildern verbindet und sie damit zum Ideal erhebt oder nicht.[57] Hinter der Idee des Cyberspace steht der Gedanke, die Phantasien zu realisieren. Dieser Gedanke besteht aus einer Verbindung luziferischer Kräfte (Auflösung, Weltflucht) und ahrimanischer Kräfte (Verhärtung, künstliche Realität). Aber auch hinter diesem Gedanken steckt eine Idee. Ich möchte im Folgenden eine Möglichkeit aufzeigen, welche Idee, welches Urbild sich dahinter verbergen könnte. Hierfür sind einige Vorbetrachtungen notwendig.

Der Mensch ist, gemäß den Schilderungen der Geisteswissenschaft, ein in sich gegliedertes Wesen.[58] Der physische Leib, den er mit allen Naturreichen der Erde teilt, der Lebensleib, der die physische Materie belebt und den er mit Pflanzen- und Tierreich teilt, sowie der Empfindungsleib oder Seelenleib oder Astralleib, den alle fühlenden Wesen haben, werden in ihrer Form durch die Geistkraft

124

des Menschen, das Ich, zusammengehalten. Zugleich arbeitet das Ich an ihrer Umgestaltung und Vervollkommnung, heute vor allem an der Umgestaltung des Astralleibes, was sich z.B. daran zeigt, dass der Mensch nicht jedem Verlangen, das in ihm aufsteigt, nachgibt, sondern denkend prüft, ob und wie er eine Handlung ausführen will. Schwieriger umzuwandeln ist der Lebensleib, in dem alles verankert ist, was zur Gewohnheit wurde, und noch unzugänglicher ist der physische Leib. In einer sehr fernen Zukunft jedoch – so schildert es Rudolf Steiner –, wenn der Mensch in der Lage sein wird, auch seinen physischen Körper bewusst zu gestalten, wird er als neuer Mensch – wir können auch sagen als neuer Adam oder als Christus-Mensch – sein Ziel erreicht haben und in Weisheit, Schönheit und Kraft[59] unmittelbar auch in die Wirklichkeit hineinwirken und sie umgestalten können. Seine Gedanken werden dann keine bloßen Schatten mehr sein, sondern er wird imstande sein, sie direkt in die Realität umzusetzen.

Ich vermute, dass dies das Urbild sein könnte, das hinter der Idee des Cyberspace steht – wobei sich das unbewusste Bild der Fähigkeiten der zukünftigen Menschheit mit den materialistischen Gedanken verbindet. Die Erkenntnis, dass die Menschen die Welt noch nicht nach ihren individuellen Wünschen gestalten können, verleitet sie dazu, nach Möglichkeiten zu suchen, sich künstliche Realitäten zu schaffen. Dabei verkehrt sich der ursprüngliche Impuls in sein Gegenteil, denn die Menschen arbeiten auf diese Weise nicht mehr daran, die höheren Fähigkeiten zu erwerben, was nur durch eine innere Schulung möglich ist. Der Materialismus als ein Ausdruck des ahrimanischen Denkens lenkt von dem eigentlichen Impuls ab. Das entspricht dem Streben der ahrimanischen Wesenheiten, indem diese verhindern wollen, dass sich die Menschheit weiterentwickelt.

Dies ist wohlgemerkt nur ein Versuch zu durchschauen, warum so viele Menschen für die Idee des Cyberspace so empfänglich sind. Es ist aber eine durchaus mögliche Erklärung für die Sehnsucht der Menschen nach Verwirklichung ihrer Vorstellungen und Träume.

Jeder Mensch sollte sein Verhältnis zu den Ideen, die sich mit der virtuellen Realität verbinden, überprüfen. Auch wenn vieles, was mit VR zu tun hat, bisher nur in Forschungsstellen stattfindet, kann man doch erleben, dass die damit verbundenen Fragen bereits die gesamte Gesellschaft betreffen. Sind wir Menschen nichts anderes als Biocomputer? Wenn ja, wer hat uns programmiert und was ist das Ziel des Programms? Wenn nicht, was unterscheidet uns von einem Computer?

Die Forschung zwingt uns dazu, diese Fragen zu beantworten. Dabei liegt die Gefahr darin, dass man nur nach den Gemeinsamkeiten sucht und die Unterschiede aus dem Auge verliert. Die Ausgangsfrage für die Entwicklung der virtuellen Realität ist die Frage nach der Schnittstelle von Mensch und Maschine. Wenn wir nur nach den Gemeinsamkeiten suchen, passen wir den Menschen der Maschine an, statt dem Ursprung der Forschung zu folgen und die Maschine dem Menschen anzupassen. Dass dies eine Frage ist, auf die eine Antwort dringend vonnöten ist, zeigt sich bereits an der Umgangssprache. Mehr und mehr Menschen vergleichen ihr Gehirn mit einer Festplatte und benutzen Begriffe aus dem Bereich der Computertechnik, um menschliche Vorgänge zu beschreiben. Wer dies ausgiebig genug tut, läuft Gefahr, dass er sich auf dieses Niveau reduziert und somit wirklich zum Biocomputer degeneriert. Wir müssen das wahrhaft Menschliche in uns finden, um uns in dem Zeitalter der virtuellen Realität behaupten zu können. Dazu ist es wichtig, dass wir uns mit den Realitäten auseinandersetzen, auch wenn sie mitunter unangenehm sind, und uns nicht in Scheinwelten flüchten, in denen wir uns verlieren.[60]

Schlussbetrachtungen zu Teil I

Mit dem letzten Kapitel hat sich ein Kreis geschlossen. Wie bei der Techno-Bewegung ist auch im Bereich der virtuellen Realität die zentrale Frage, welches Verhältnis der Mensch zu den Maschinen einnimmt. In diesem Sinne ist die Techno-Bewegung wirklich eine moderne Herausforderung, und es wird deutlich, dass die Suche nach einer Antwort nicht nur Sache der beteiligten Wissenschaftler ist. Die Jugendlichen suchen bewusst oder unbewusst nach Antworten, wobei deutlich geworden ist, dass die unbewusste Suche voller Gefahren steckt. Wie gezeigt worden ist, muss jeder Mensch zu den Fragen Stellung beziehen, denn wie wir uns auch entscheiden, die Entscheidung bringt Konsequenzen für die Zukunft der Menschen mit sich.

Viele Zeitgenossen wollen sich nicht entscheiden, sie wollen lieber die Zeit für sich arbeiten lassen, in der Hoffnung, dass sich von alleine eine Lösung einstellen wird. Dies ist sicherlich die gefährlichste Einstellung gegenüber einer Fragestellung, die mit der gesamten Menschheitsentwicklung verknüpft ist.

Rudolf Steiner hat am Anfang unseres Jahrhunderts immer wieder die Bedeutung der Jahrtausendwende für die Menschheitsentwicklung hervorgehoben. Dabei richtete er sein Augenmerk auf die Bewusstseinsentwicklung der Menschen. Er wies darauf hin, dass die Menschheit am Ende des zwanzigsten Jahrhunderts so weit entwickelt sein würde, dass jeder Einzelne die Möglichkeit zur Freiheit in sich trägt, ob es ihm bewusst ist oder nicht. Seine Schilderungen dieser Zeit sind dementsprechend freilassend, er spricht von Möglichkeiten und von Gefahren, die auftreten, wenn die Menschen ihre Freiheit nicht bewusst ergreifen.

Als Rudolf Steiner diese Schilderungen gab, sprach er zu Menschen, die bereits in dieser Entwicklung standen, aber in vielen Bereichen noch durch die Tradition getragen wurden. So spielten am Anfang unseres Jahrhunderts die Familie und die Kirchen noch eine wesentlich bedeutendere Rolle in der Gesellschaft als heute, weshalb viele seiner Aussagen für die damaligen Zuhörer sehr visionär klangen.

Heute, 1997, leben wir in dieser Zeit des Übergangs, und es stellt sich die Frage, ob man die von Rudolf Steiner geschilderten Vorgänge in der Welt finden kann.

Eines steht uns deutlich vor Augen: das Auseinanderbrechen alter Zusammenhänge (Familie, Kirche, Vereine). So beklagen sich zum Beispiel die Sportvereine, dass es kaum noch junge Menschen gibt, die sich im Verein engagieren wollen. Andererseits wurde noch nie so viel Sport betrieben wie heute. Fitnesscenter und Sportgeschäfte haben Hochkonjunktur. Die Menschen wollen sich heute «selbst verwirklichen», worin man einen Ausdruck für die von Rudolf Steiner beschriebene Bewusstseinshaltung, die er als Bewusstseinsseele bezeichnete, sehen kann. Damit verbunden ist eine allgemeine Unsicherheit, denn die Suche nach dem eigenen Platz in der Gesellschaft und der Welt ist nicht mehr nur eine Möglichkeit, sondern für die nachkommenden Generationen eine Notwendigkeit. Die Kinder erleben bei ihren Eltern die Unsicherheit (Angst um den Arbeitsplatz, Selbstzweifel, Scheidung usw.) und suchen mehr als früher nach neuen Sicherheiten – zumal sie erleben, dass die Versuche ihrer Eltern, sich neue äußere Sicherheiten zu schaffen, zum Beispiel durch Versicherungen, keinen wirklichen Halt geben.

Die allgemeinen gesellschaftlichen Veränderungen werden, wie gezeigt wurde, durch die technische Entwicklung gefördert. Die Entwicklung der Computer hat in großem Umfang in unsere Gesellschaft eingegriffen und eine Fülle neuer Möglichkeiten geschaffen. Der Mensch hat die Möglichkeit erhalten, «virtuelle»

Persönlichkeiten zu kreieren und neben der «realen» Welt eine künstliche Welt aufzubauen. Gerade die nachfolgenden Generationen stehen damit vor der Aufgabe, ihre Persönlichkeit in einer Welt auszubilden, die Scheinwelten anbietet, deren Möglichkeiten unbegrenzt sind. Die Haltlosigkeit der Gesellschaft wird erweitert durch die Haltlosigkeit des Cyberspace.

So steht die Pädagogik heute vor neuen Aufgaben und Fragen, wobei den Pädagogen selbst oft genug die Sicherheit fehlt, die sie den Kindern vermitteln sollten. Als Rudolf Steiner 1919 die Waldorfschule begründete, hatte er diese Entwicklung im Blick. Die Menschenkunde sollte den Lehrern die innere Sicherheit geben, um den kommenden Problemen entgegenzutreten. Einige Elemente des Lehrplans erscheinen heute, angesichts der Zeitverhältnisse, in einem neuen Licht. Dabei sind auch die Waldorflehrer von den Zeiterscheinungen betroffen, mehr denn je müssen sie sich darum bemühen, durch das Studium der Menschenkunde, den inneren Halt zu gewinnen, der nötig ist, um den Kindern eine innere Sicherheit zu vermitteln.

Das Fehlen einer äußeren Bestimmung ermöglicht die Freiheit des Einzelnen. Freiheit bringt aber Unsicherheit mit sich, da sie auch die Möglichkeit des Irrtums in sich birgt. Diese Spannung ist jedoch in keiner Weise als negativ zu bezeichnen, sondern sie stellt einen notwendigen Schritt in der Entwicklung des Einzelnen und der Menschheit dar. Wenn ein Mensch seine Handlungen bewusst reflektiert, kann er gerade aus seinen Fehlern lernen. Gleiches gilt für die ganze Menschheit.

Rudolf Steiner schildert aber nicht nur diesen Prozess, sondern er spricht auch davon, dass in dieser Situation die Gegenmächte eingreifen und den Menschen verführen wollen. Es sei ihr Bestreben zu verhindern, dass der Mensch aus sich heraus einen neuen Zugang zur geistigen Welt gestaltet. Die «Götter» haben sich von der Menschheit zurückgezogen und ihr dadurch die Freiheit geschenkt. Die Menschheit steht, nach den Schilderungen Rudolf

Steiners, am Ende dieses Jahrhunderts an einer Schwelle. Sie muss sich entscheiden, ob sie nach einem neuen Zugang zu den Göttern strebt oder an die physische Welt gekettet bleibt. Dabei versuchen die Gegenmächte, den Menschen von seiner eigentlichen Aufgabe, der frei gewollten Verbindung mit der geistigen Welt, abzubringen.

Rudolf Steiner unterscheidet zwei wesentliche Gruppen von Gegenmächten: die ahrimanischen und die luziferischen Wesenheiten. Beide Gruppen von Wesenheiten sind als notwendige Kräfte in der Welt wirksam, führen aber, wenn sie ihr rechtmäßiges Wirkensgebiet überschreiten, in zerstörerische Einseitigkeiten. So führen die ahrimanischen Kräfte in die Verhärtung. Im Menschen wirken sie zum Beispiel in der Knochenbildung; überwiegen diese Kräfte im Menschen, so kommt es zu einer übersteigerten Verkalkung (z.B. Gicht). Im Denken bilden sie die Grundlage dafür, dass der Mensch Begriffe bilden kann; treten sie übersteigert auf, kommt es zu einem abstrakten toten Denken.

Die luziferischen Kräfte führen in die Auflösung. Im Menschen wirken sie zum Beispiel im Blut, das immer wieder Stoffe löst und sich permanent neu bildet; eine Übersteigerung dieser Kräfte verursacht Fieber. Im Denken sorgen diese Kräfte für die Beweglichkeit, die Phantasie; treten sie übersteigert auf, kommt es zur Phantasterei.

Bei einem gesunden Menschen stehen also beide Kräfte in einem aktiven Gleichgewicht, wobei mal die eine, mal die andere Seite überwiegt. Rudolf Steiner schildert nun, dass diese Kräfte am Ende unseres Jahrhunderts versuchen, direkt in die Menschheitsentwicklung einzugreifen. – Hinzu kommen die Asuras, geistige Wesenheiten, die nach den Schilderungen des Geistesforschers erst jetzt in die Menschheitsentwicklung eingreifen können, da sie nur in der Bewusstseinsseele der Menschen wirken können. Es stellt sich die Frage, ob und wo das Wirken der Gegenmächte zu beobachten ist.

Ich habe mich in dieser Arbeit mit einigen Phänomenen beschäftigt, die einen wachsenden Einfluss auf unsere Zeit und vor allem die Jugend haben. Dabei war es mir ein Anliegen, von den Phänomenen auszugehen und dann die Kräfte aufzuspüren, die im Hintergrund wirksam sind. Alle hier behandelten Phänomene (Techno, Internet und Cyberspace) sind in ihrer Entwicklung an die Bewusstseinsentwicklung der Menschen geknüpft. Die Bedürfnisse, die durch sie befriedigt werden sollen, sind individueller Art. Dabei ist eine Hauptkraft, die die Entwicklung vorantreibt, der Egoismus der Konsumenten – auch wenn dieser sich mitunter hinter liberalen Floskeln verbirgt (siehe die «Toleranz» der Raver oder die «Demokratisierung» durch das Internet). Man kann erleben, dass in diesen Bereichen Möglichkeiten vorhanden sind, die von den Menschen sehr verschieden genutzt werden können. Um sie aber positiv zu nutzen, bedarf es eines bewussten Umganges mit ihnen. In allen hier behandelten Bereichen wirken aber, wie man sehen konnte, Kräfte, die gerade diesen bewussten Umgang verhindern wollen. Man kann also bei einem Studium dieser Phänomene erleben, wie die Menschheit aktiv verführt wird.

Untersucht man die wirksamen Kräfte, kann man eine Übereinstimmung mit den von Rudolf Steiner beschriebenen Wesenheiten entdecken und damit einen Teil der Wirksamkeit der Gegenmächte in unserer Zeit erkennen.

Diese Arbeit soll dazu anregen, sich bewusst mit den Zeiterscheinungen auseinanderzusetzen und die weitere Entwicklung wach und kritisch zu verfolgen. Die Menschheit steht an der Schwelle, und jeder Einzelne muss für sich die Entscheidung treffen, in welche Richtung er gehen will. Eine solche Entscheidung sollte bewusst getroffen werden und nicht durch ein subjektives Gefühl.

Neben der Selbstverantwortung entsteht aber in zunehmendem Maß auch eine neue Verantwortung für unsere Kinder. Natürlich sollen sie sich in ihrem Leben frei entscheiden können, aber es zeigt sich, dass es dafür einer Vorbereitung bedarf. Die Erziehung zur Freiheit ist eine große Herausforderung für alle Beteiligten, für Eltern ebenso wie für Lehrer. Damit die Freiheit nicht in Willkür entartet, bedarf es der Fähigkeit, Entscheidungen treffen zu können. Diese Fähigkeit bildet sich anhand von eigenen oder beobachteten Erfahrungen, die rückschauend betrachtet werden. Das Wesentliche dieser Erfahrungen ist das Erleben, dass Handlungen in der Welt und gerade im Sozialen Konsequenzen haben, die weiterwirken. Daraus ergibt sich eine moralische Erziehung, die nicht auf abstrakte Regeln aufgebaut ist, sondern sich anhand der Lebenspraxis bildet. Bei einer Handlung ist es nicht nur entscheidend, was man tut, sondern zunehmend, warum man etwas tut.

Es gibt in unserer Zeit nur noch wenige Handlungen, die generell als gut oder schlecht zu bewerten sind, vielmehr kommt es zunehmend darauf an, wer wann und warum eine Handlung vollzieht. So ist zum Beispiel der Computerunterricht an der Schule ein Angebot von nötigem Wissen, das den Schülern helfen soll, später mit der Technik umgehen zu können – wohingegen der kostenlose Kinder-Computerkurs eines Softwareherstellers die zukünftigen Kunden werben soll, auch wenn altruistische Gründe in der Werbung vorgeschoben werden.

Gerade die neuen Möglichkeiten des Computerzeitalters unterwandern die Bildung einer gesunden Entscheidungs- und Verantwortungsfähigkeit. Schon bei den Computerspielen besteht die Möglichkeit, Entscheidungen jederzeit durch das Laden eines alten Spielstandes rückgängig zu machen. Im Internet kann man jedes Gespräch jederzeit ohne Konsequenzen abbrechen und sich hinter der angebotenen Anonymität verstecken. Es ist also wichtig, dass ein Mensch die Fähigkeit zu eigenem Urteil und zu Verantwortung erwirbt, bevor er sich in den Cyberspace begibt, weil er dort keine Möglichkeit vorfindet, sie auszubilden.

Welche Folgen es hat, wenn diese Fähigkeit nicht gebildet wurde, kann man an der Techno-Kultur erleben. In ihr wird das reale soziale

Leben von der Unverbindlichkeit bestimmt, der vermeintlichen Toleranz; statt sich den Auseinandersetzungen mit sich und den Anderen zu stellen, wird ihnen ausgewichen. Am Ende bildet die Lust die wichtigste Entscheidungsgrundlage für alle Handlungen. Dadurch wird der Mensch Sklave seiner Triebe und somit zum willkürlich handelnden Egoisten, statt zu einem freien, selbstbestimmten Menschen. Damit nicht die gesamte Menschheit in einer Art Techno-Kultur versinkt, sind wir alle dazu aufgerufen, uns und unsere Kinder mit dem nötigen Rüstzeug zu versehen, um uns den Herausforderungen unserer Zeit stellen zu können. Dabei darf es in keinem Fall darum gehen, die Gegebenheiten zu leugnen oder ihnen auszuweichen und sich und seinen Kindern somit eine andere Form von Scheinwelt zu errichten.

Das Computerzeitalter ist ein Teil der Realität, und man kann, folgt man den Schilderungen Rudolf Steiners, davon ausgehen, dass alle Menschenseelen, die den Entschluss gefasst haben, sich in dieser Zeit zu inkarnieren, den Impuls haben, sich dieser Realität zu stellen. Dabei verfügen sie auch über die notwendigen geistigen Anlagen, um sich produktiv mit den geschilderten Tatsachen auseinanderzusetzen. Es ist Aufgabe der heutigen Erziehung und Selbsterziehung, aus den geistigen Anlagen praktische Fähigkeiten zu entwickeln.[61]

Teil II
Weiterführende Gesichtspunkte

Die Wesensglieder des Menschen

Eine ausführliche Darstellung der Wesensglieder findet sich im ersten Kapitel des Buches *Theosophie* von Rudolf Steiner. An dieser Stelle möchte ich für all jene Leser, denen diese Vorstellungen bisher unbekannt sind, eine kurze Einführung in die Wesensglieder geben. Ich folge dabei im Aufbau den Schilderungen Rudolf Steiners.

Schon eine anfängliche Betrachtung des Menschen zeigt, dass er sein Verhältnis zur Welt in dreifacher Weise erlebt. Durch seine Sinne hat er Wahrnehmungen von den Dingen, die ihn umgeben; an diese Wahrnehmungen schließen sich Gefühle an, die individuell verschieden sind; und durch sein Denken kann er zu Erkenntnissen über die Dinge, die er wahrnimmt, gelangen. Diese drei Bereiche im Menschen bezeichnet Rudolf Steiner als «Leib», «Seele» und «Geist». Bei gesunden Sinnesorganen sind die Wahrnehmungen für alle Menschen gleich; so sieht jeder die Sonne gleich. An die gleichen Wahrnehmungen knüpfen sich aber individuelle Empfindungen und Gefühle; auf dieser Ebene unterscheiden sich die Menschen. Die Erkenntnisse sind dann wieder allgemeingültig; es gibt nur eine Wahrheit (2 + 2 bleibt 4, auch wenn es einem nicht gefällt).

Die Wahrnehmung ist an den Augenblick gebunden: Nur solange ich einen Gegenstand betrachte, ist er für die Wahrnehmung existent. Durch meine Gefühle verbinde ich mich mit den Wahrnehmungen, und durch das Gedächtnis bleiben sie mir persönlich erhalten, sie werden also für mich dauerhaft, solange ich mich an sie erinnern kann. Die Erkenntnisse oder die Ideen der Dinge sind vom Menschen unabhängig und ewig. So gab es beispielsweise das Gesetz der Gravitation auch schon, bevor Newton es formulierte.

Die Persönlichkeit bildet sich demzufolge aus den Erfahrungen, d.h. der Summe aller Erinnerungen, und der Summe der gewonnenen Erkenntnisse. Die gemeinsame Voraussetzung beider ist eine gesunde Leibesgrundlage.

Nach dieser ersten Betrachtung kann man aber noch weitergehen. Betrachtet man nur den «physischen Körper», so erkennt man, dass er aus Stoffen aufgebaut ist, die auch in der umgebenden Natur vorkommen. In reiner Form kann man ihn demnach nur bei einem Toten betrachten; doch da löst sich die Form des Körpers gemäß den Naturkräften auf. Damit er sich nicht auch während des Lebens auflöst, muss eine formbildende und formerhaltende Kraft wirksam sein. Diese formbildende Kraft ist mit der Art verbunden. Ein Löwe bleibt immer ein Löwe, obwohl die einzelnen Zellen seines Organismus im Laufe des Lebens aus den durch die Nahrung aufgenommenen Stoffen stets neu gebildet werden. Diese formbildenden Kräfte wirken in Wachstum und Vererbung und sind nur in ihrer Wirkung wahrnehmbar. Sie bilden einen «Leib», der bei einem gesunden Lebewesen mindestens genau so groß ist wie der physische Körper und diesen ganz durchdringt. Andernfalls würden Teile des Körpers absterben, wie dies bei einzelnen Krankheiten ja auch der Fall ist, wenn Teile des Körpers bereits verwesen, obwohl das Lebewesen noch lebt. Rudolf Steiner bezeichnet dieses Kräftegefüge deshalb als «Lebensleib», «Bildekräfteleib» oder «Ätherleib». – Den physischen Körper findet man in allen Naturreichen (Mineral-, Pflanzen-, Tier- und Menschenreich); der Lebensleib ist bei allen Lebewesen zu finden, also nicht im Mineralreich.

Als nächstes kommen die Empfindungen und Gefühle in Betracht. Deren leibliche Grundlage wird durch die Sinnesorgane gebildet, die einen ihrer Organisation entsprechenden «Raum» für das Lebewesen erfahrbar machen; die Größe des Sehfeldes ist beispielsweise durch die Organisation des Auges bestimmt. Die leibliche Grundlage des Seelenraumes nennt Rudolf Steiner «Seelenleib» oder «Astralleib». Er fließt zusammen mit dem untersten Glied der Seele, der «Empfindungsseele», die als ein «Tätigkeitsquell» bezeichnet werden kann, indem aus dem Innern nach allen Seiten hin die Empfindungen auf die Eindrücke der Außenwelt antworten.

Nun zeichnet sich der Mensch aber dadurch aus, dass er sich mit seinem Denken zwischen die Wahrnehmungen der Sinne und die Empfindungen und Gefühle einerseits und die sich daran anschließenden Handlungen andererseits stellen kann. Beim Tier folgt auf jede Wahrnehmung unmittelbar eine Handlung; der Mensch kann seine Handlungen bedenken, bevor er sich dazu entschließt, sie auszuführen oder auch sie zu unterlassen. Aber nicht nur das! Er setzt sein Denken auch dazu ein, eine Handlung so durchzuführen, dass er durch sie seine Bedürfnisse mit möglichst geringem Aufwand und möglichst effektiv befriedigen kann; das Denken steht hier also ganz im Dienst der Befriedigung von Bedürfnissen. Die meisten Erfindungen der Menschheit stammen aus dieser Seelenregion; Rudolf Steiner nennt sie die «Verstandesseele». Und da ihre Tätigkeit oft von Wärme und Leidenschaft, manchmal auch von Fanatismus durchdrungen ist, spricht er auch von «Gemütsseele».

Auf der nächsten Stufe steht das von der direkten Wahrnehmung unabhängige Denken, das nach wahrer Erkenntnis der Dinge strebt, unabhängig davon, ob diese Wahrheit gefällt oder nicht. Es ist damit also nicht ein assoziatives Denken gemeint, das Vorstellung an Vorstellung knüpft, wie es gerade kommt, sondern ein Denken, das, frei gewählt, Zusammenhänge stiftet, Zusammenhänge, welche die bloße Wahrnehmung nicht geben kann. «Das, was in der Seele als Ewiges aufleuchtet, sei hier Bewusstseinsseele genannt» (Rudolf Steiner).

Die leiblichen und seelischen Glieder, wie sie bisher charakterisiert wurden, sind nun so gebaut und geordnet, dass sie das tragen können, was den Menschen über alle Naturreiche erhebt und ihn erst wirklich zum Menschen macht: das «Ich». Es wirkt in Leib und Seele und arbeitet daran, sie immer vollkommener zu gestalten (siehe S. 125).

Betrachtet man die Entwicklung jedes einzelnen Menschen, so erkennt man, dass die verschiedenen Wesensglieder erst nach und nach eigenständig werden. Zwar bringt sie der Mensch aus dem vorgeburtlichen Dasein bereits in individueller Form mit – auch der physische Leib existiert geistig bereits vor der Empfängnis -, aber «geboren» werden sie erst nacheinander, in einem Rhythmus von etwa sieben Jahren. Der Säugling ist ganz Wahrnehmung und Empfindung, jede Wahrnehmung führt zu einer unmittelbaren Reaktion, und der Ätherleib ist ganz damit beschäftigt, die Gestalt und die inneren Organe menschengemäß aufzubauen. Mit dem siebten Lebensjahr wird ein Teil dieser Ätherkräfte aus der leibbildenden Tätigkeit frei und steht fortan dem Denken zur Verfügung, aber einem Denken, das noch ganz eng mit Wahrnehmungen und Empfindungen verknüpft ist (wahrscheinlich erinnert sich jeder an Situationen aus seiner Kindheit, in denen er zielstrebig Eltern und Großeltern und Onkel und Tanten in Bewegung setzte, um einen Wunsch, beispielsweise ein Fahrrad, erfüllt zu bekommen). Erst mit Beginn der Pubertät werden die Gedanken zunehmend von den unmittelbaren Wahrnehmungen, Bedürfnissen und Wünschen gelöst; der Jugendliche beginnt Ideale zu bilden, an denen er sich orientieren will.

Erst nach der Ichgeburt, also mit etwa 21 Jahren, erlangt der Mensch die Möglichkeit, seine unteren Wesensglieder umzugestalten. Je bewusster er sich mit der Welt auseinandersetzt, desto mehr kann er sich von seinen Trieben und Instinkten emanzipieren, also seinen Astralleib umwandeln, desto selbstloser kann er das in sich ausbilden, was jenseits von Sympathie und Antipathie wahr und gut und schön ist, d.h. die Bewusstseinsseele. Sie ist heute nur bei sehr wenigen Menschen schon voll ausgebildet; im

Allgemeinen stehen wir erst am Anfang ihrer Entwicklung. Doch leuchtet bereits das «Geistselbst» in sie herein, «eine Offenbarung der geistigen Welt innerhalb des Ich, wie von der anderen Seite her die Sinnesempfindung eine Offenbarung der physischen Welt innerhalb des Ich ist» (Rudolf Steiner).

Des Weiteren hat der Mensch heute, wenn auch nur in sehr begrenztem Umfang, die Möglichkeit, seinen Ätherleib umzuwandeln. Er tut dies anfänglich dadurch, dass er seine Gewohnheiten ändert. Jeder, der sich einmal entschloss, z.B. auf das Rauchen zu verzichten, weiß, wie schwierig das ist und welche geistigen Anstrengungen dazu nötig sind. Den umgewandelten Teil des Lebensleibes nennt Rudolf Steiner den «Lebensgeist»; er ist gleichsam die geistige Lebenskraft des künftigen Menschen.

Auf einer noch höheren Stufe besteht in sehr ferner Zukunft die Möglichkeit, bewusst den physischen Körper umzubilden. Diesen umgewandelten Teil des physischen Körpers bezeichnet Rudolf Steiner als «Geistesmensch».

Im Überblick lassen sich die Wesensglieder des Menschen folgendermaßen darstellen:

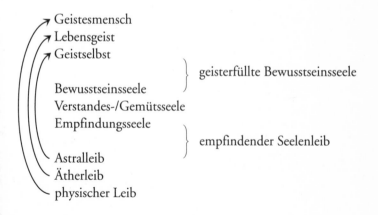

Geistesmensch
Lebensgeist
Geistselbst

} geisterfüllte Bewusstseinsseele

Bewusstseinsseele
Verstandes-/Gemütsseele
Empfindungsseele

} empfindender Seelenleib

Astralleib
Ätherleib
physischer Leib

Eine Betrachtung in dieser Kürze kann natürlich nicht mehr sein als eine Ermutigung, sich den entsprechenden Schilderungen Rudolf Steiners unmittelbar zuzuwenden und zu versuchen, sie durch Beobachtungen im alltäglichen Leben mit Inhalt zu füllen und auf ihren Wahrheitsgehalt zu prüfen.[62]

Der offenbar-verborgene Zusammenhang zwischen Sprache und Sexualität

Wir leben in einer Zeit, in der die Sprache immer «flacher» wird; Sätze werden auf Ausrufe reduziert, Wortbezeichnungen durch Abkürzungen ersetzt. Sprache dient fast nur noch der Vermittlung von Informationen und wird zu diesem Zweck gerade durch die «neuen Medien» immer mehr verkürzt.

Wir leben in einer Zeit, in der auch merkwürdige Sexualpraktiken gesellschaftsfähig werden. Fast jede Zeitung enthält Anzeigen, die Sado-Maso-Kontakte vermitteln oder Telefonsex anbieten.

Sind dies nun zwei voneinander unabhängige Einzelphänome, oder gibt es einen inneren Zusammenhang? Bei der Arbeit an dieser Frage stellte sich mir heraus, dass beide Erscheinungen durchaus zusammengehören. Ich möchte versuchen, diese Verbindung zu erschließen und in ihrer Entwicklung darzustellen.

Die Ätherkräfte in der Sprache

Beim Sprechen setzt jeder Mensch einen Teil seiner Ätherkräfte ein, um gestaltend auf seine Umwelt, hier die Luft, einwirken zu können. Jeder einzelne Laut stellt eine Schöpfung dar. Die Erzeugung eines Lautes, ja selbst noch die eines Wortes oder eines Satzes geschieht für den Sprechenden weitgehend unbewusst. So tritt ja auch die Sprachfähigkeit beim Kinde noch vor der eigentlichen Denkfähigkeit auf.

Als Impulsator für das Sprechen dient entweder eine Seelenregung (astralisch), die einen Vokal erzeugt, durch den wir ein inneres Erleben nach außen tragen – z.B. das A beim Staunen –, oder eine an der Wahrnehmungswelt gebildete Vorstellung (Ich-Tätig-keit), die sich sprachlich in konsonantischer Form ausdrückt. Die sinnvolle Verbindung von außen und innen, von Konsonanten und Vokalen führt dann zum eigentlichen Sprechen.[63]

Was ist nun die Aufgabe der Sprachfähigkeit? Für den gegenwär-tigen Menschen gilt, dass er sich selbst vor allem mittels der Spra-che anderen Menschen mitteilt und durch die Sprache andere zu verstehen sucht. Das war nicht immer so und wird auch nicht immer so bleiben. Aus Schilderungen Rudolf Steiners kann man entnehmen, dass in früheren Zeiten der Menschheitsentwicklung der Mensch durch die Sprache direkt in die Wachstumskräfte, die Ätherkräfte der Natur und auch des menschlichen Leibes eingrei-fen konnte; die Sprache war also real magisch.[64] In der Zukunft wird der Mensch, wiederum gemäß den Schilderungen des Gei-stesforschers, die Fähigkeit erlangen, durch die Sprache seinesglei-chen zu erzeugen. Dann wird die Sprachorganisation die Aufgabe der heutigen Sexualorgane übernehmen.[65] Das heißt, die repro-duktiven Ätherkräfte werden aus ihrer tiefen Leibverbundenheit etwas herausgelöst und der Sprachorganisation, insbesondere dem Kehlkopf eingegliedert. Diesem Hinweis kann man bereits eine Verwandtschaft der Ätherkräfte beider Organisationen – Sexual- und Sprachorganisation – entnehmen.

Wenden wir uns aber wieder der heutigen Situation zu. Die Sprache dient also heute der Mitteilung zwischen Menschen. Was ist hier unter Mitteilung zu verstehen? Geht es dabei nur um den Austausch von Informationen? Ja und nein! Sicher nicht in dem Sinne, wie der Intellektualismus den Begriff Information auffasst. Es geht um die wirkliche Begegnung zwischen Wesen, gemäß den irdischen Bedingungen. Zur Erläuterung seien die folgenden Be-trachtungen eingeschoben.

Reale Geistbegegnung

In der geistigen Welt gibt es dadurch, dass physische Körper fehlen, keine solche Trennung zwischen Wesen wie in der physischen Welt.[66] In diesem Sinne sind die Geistwesen nicht durch eine Leiblichkeit voneinander abgegrenzt. Sie durchdringen einander vielmehr und können auf diese Weise sich in anderen und andere in sich wahrnehmen. Die hierarchische Gliederung unter den Geistwesen hängt davon ab, welche Bereiche des geistigen Daseins eine Wesenheit erfassen oder besser: erfüllen kann. Der Unterschied ist also nicht räumlich, sondern qualitativ zu verstehen.

In der Zeit zwischen dem Tod und einer neuen Geburt befindet sich der Mensch in einem eben solchen Zustand. Er lebt in direkter Verbindung mit höheren Wesenheiten und mit Menschen, denen er karmisch verbunden ist. In dieser Durchdringung werden die gemeinsamen Keime für eine künftige Inkarnation gelegt und die Fäden für eine irdische Begegnung in Harmonie gesponnen.

Auf der Erde ist jeder Mensch an seinen physischen Körper gebunden und damit vom anderen Menschen abgegrenzt. Die Fähigkeit, einen anderen Menschen ganz – nicht nur in seiner physischen Erscheinung – zu erfassen, hat im Laufe der Menschheitsentwicklung immer mehr abgenommen, da die Verbindung mit dem immer undurchlässiger werdenden physischen Leib immer stärker geworden ist.

Aber ein Erinnerungsfunke an die Möglichkeit der Wesensbegegnung hat sich erhalten. Dieser Funke entfacht das Bedürfnis, einem anderen Menschen die inneren Gefühle und Gedanken mitzuteilen und dieselben auch von ihm zu erfahren. Er ist der Impuls für die Sprache.

Die Möglichkeit wirklicher Menschenbegegnung durch die Sprache

Eine wirkliche Menschenbegegnung durch die Sprache kann nur zustande kommen, wenn sich der Mensch der geistigen Dimension der Sprache öffnet, wenn er also in der Sprache nicht nur ein System von Bezeichnungen sieht, sondern die Möglichkeit lebendiger Begriffe, in denen das Wort selbst schöpferisch wird. Das höhere Ich eines Menschen lebt – im Gegensatz zum Ich, dessen er sich im gewöhnlichen Leben bewusst wird und das an den physischen Körper gebunden ist – fortwährend in der Welt des lebendigen, schaffenden Wortes. Es kann sich der Sprache bemächtigen und dadurch die Begriffe in der Welt zum Erklingen bringen. Das setzt aber voraus, dass sich der einzelne Mensch heute zu einer Verbindung zwischen seinem leibgebundenen und seinem höheren Ich durchringt.

Im Allgemeinen hat sich die Sprache heute auf Bezeichnungen reduziert und ist fast nur noch Ausdrucksmittel des irdischen Ich. Nur wenn ein Mensch seine Gefühle zum Ausdruck bringt, ermöglicht er einen Einblick in seinen seelischen Bereich, aber noch nicht wirklich in seinen geistigen. Auch das Mitteilen von Gefühlen wird jedoch bei dem Absterbeprozess der Sprache in die Abstraktion hinein immer schwieriger.

Was bleibt, ist die Sehnsucht nach Wesensbegegnung.

Der Weg ungenutzter Fähigkeiten

Aus Rudolf Steiners Schilderungen des Karmas, also der schicksalhaften Verknüpfung zweier Erdenleben, kann man entnehmen, dass Qualitäten eines höheren Wesensgliedes in der folgenden Inkarnation im nächst tieferen Wesensglied verwandelt wieder auftauchen. Dieses Gesetz gilt sowohl im Positiven – Mitleid, Wahrhaftigkeit, Hingabefähigkeit und andere seelische Tugenden führen im nächsten Erdenleben zu einem kräftigen, in sich beweglichen Ätherleib – als auch im Negativen, indem seelische Untugenden den Ätherleib schwächen und allerlei Krankheiten in ihm veranlagen. Gilt dieses Gesetz auch innerhalb eines einzelnen Erdenlebens? Die Erfahrung zeigt, dass das Streben nach geistiger Erkenntnis die Seele ordnen und in gewissem Sinne «erlösen» kann und dass ein harmonisches Seelenleben sich positiv auf die lebendigen Bildekräfte auswirkt. Aber auch in Bezug auf die Sprache scheint ein entsprechender Zusammenhang vorzuliegen.

Die Anlage zur Sprache und der Impuls, durch sie zu einer Begegnung mit dem Anderen zu kommen, ist in jedem geistigen Menschen vorhanden. Wird er nicht aufgegriffen, dann zieht sich der Mensch zuerst nach innen zurück. Er wartet darauf, dass jemand zu ihm spricht, sich ihm öffnet und ihn ganz versteht, auch wenn ihm selbst die richtigen Worte fehlen, um sein Inneres auszudrücken. Diesen «Rückzug» kann man sehr stark in der Pubertät erleben, indem der junge Mensch das Gespräch sucht, aber sofort zurückschreckt, wenn er das Gefühl hat, nicht richtig verstanden zu werden – wie umgekehrt das Erlebnis, sich nicht richtig ausdrücken zu können, je nach Temperament bis zu Aggressivität nach außen hin führen kann. Als natürlicher Gegenimpuls tritt gerade in diesem Alter das Phänomen auf, dass die Heranwachsenden an die geistige Qualität der Sprache heranwollen; sie experimentieren mit der Sprache, indem sie, meistens nur für sich, kleine Texte und Gedichte schreiben, um ihr Inneres zum Ausdruck zu bringen.

Dieses Experimentieren mit der Sprache, das in der Pubertät seine Berechtigung hat, ist heute ein Bestandteil der Kultur geworden. Die enorme Zahl von Dichtern und Texteschreibern, beispielsweise für die Populärmusik, ist ein sicheres Indiz dafür. Die Populärmusik hat eigentlich wie die Dichtung eine wichtige Aufgabe: Sie bietet durch ihre Texte sprachliche Möglichkeiten, seelische, teilweise auch geistige Zusammenhänge zum Ausdruck zu bringen, wobei die Musik eine Hilfe sein kann, den Charakter der Aussagen zu verstärken und damit die Begriffe zu verlebendigen.

Aber auch in die Populärmusik haben der Materialismus und Intellektualismus Einzug gehalten. Die Techno-«Musik» hat das sprachliche Element reduziert und zum Teil völlig beseitigt. So findet man in einzelnen Stücken nur noch Textfragmente oder gar keinen Text mehr; die Titel «Forward ever, backward never» und «Mayday» von Westbam machen zugleich den ganzen Text der Stücke aus. Die Folge dieser Reduzierung der Sprache ist, dass die Sehnsucht nach Geistbegegnung aus dem Geistigen ganz in den astralischen Seelenbereich, in die Verstandes- und in die Empfindungsseele, herabsinkt. Dann aber kann diese Sehnsucht, die ja zugleich eine Kraft ist, in zwei Formen in Erscheinung treten: entweder als das Bedürfnis, sich aus der Leiblichkeit zu lösen, etwa durch Drogen oder Grenzerfahrungen, z.B. Bungeejumping, Extremklettern und so weiter, oder als Tendenz zu innerem Selbstgenuss, wobei der andere Mensch nur noch dazu dient, die eigenen inneren Bedürfnisse zu stillen und so die Sehnsucht nach wahrem Austausch mit anderen zu überspielen. Diese Haltung führt in die Sucht nach immer neuem Genuss, die aber nie befriedigt werden kann, da die oben geschilderte Sehnsucht nach wahrer Geistbegegnung im Hintergrund immer anwesend und immer unerfüllt bleibt. Ein solcher Mensch sucht also ununterbrochen nach Wohlbehagen; die Suche wird zur Sucht, das heißt, das Streben nach Lust wird zum Lebensmotiv. Diese Entwicklung kann man heute überall wahrnehmen, die ganze Wohlstands- und Konsumgesellschaft baut darauf auf und verstärkt sie.

Indem die so verfälschte und am falschen Ort Erfüllung suchende Sehnsucht nach Wesensbegegnung zur Gewohnheit wird, verlagert sie sich in den ätherischen Bereich. Sie nutzt nicht, wie eigentlich veranlagt, die Ätherkräfte, um durch die Sprache zu einem Austausch mit dem anderen Menschen zu kommen, sondern lebt als Triebfeder im Ätherleib.[68] Damit einher geht die Einbindung in den physischen Leib. Es werden äußere Dinge und Situationen aufgesucht, um die inneren Bedürfnisse zu befriedigen. Die innigste Verbindung zwischen Ätherleib und physischem Leib besteht aber in der gegenwärtigen Phase der Menschheitsentwicklung im Bereich der Sexualorgane.

Auswirkungen des Sprachverfalls auf die Sexualität bzw. die Sexualpraktiken

Der oben geschilderte zur Sucht führende Prozess kann sich in der Sexualität auf zwei Arten äußern. Zum einen als Fortführung der Genusssucht; in diesem Fall wird der Partner zum Objekt und dient nur der eigenen Befriedigung; dieses Verhalten kann sich zu allen Formen der Perversion steigern. Da die Suchtstruktur erhalten bleibt, beginnt ein Mensch, der diese Sphäre betritt, unaufhaltsam in die Tiefe gezogen zu werden. Dass dies in unserer Gesellschaft in größerem Rahmen geschieht, ist jeder Zeitung zu entnehmen.

Die andere Möglichkeit ist, dass sich der Charakter der Ursehnsucht unbewusst erhält. Dies führt dazu, dass die Sexualität als ein Weg gesucht wird, dem anderen Menschen ganz zu begegnen. Dadurch wird die Sexualität über das Gespräch erhoben und verabsolutiert. Dieser Weg führt zwar nicht in Perversionen, aber er bewirkt, dass die Sexualität und damit die niedere Triebhaftigkeit lebensbestimmend werden. Jede engere Menschenbegegnung wird dann – oft unbewusst – in diese Richtung gedrängt, und ein Scheitern der Beziehung wird dem mangelnden Verständnis und Entgegenkommen des anderen angelastet. Die Sexualität soll hier zum Ersatz für die Sprache werden. Die Ätherkräfte werden also nicht, wie es für die weitere Menschheitsentwicklung notwendig wäre, aus dem Physischen herausgehoben und der Sprache eingegliedert, sondern noch weiter in den physischen Leib hineingedrückt. Dieser Prozess kann nicht ohne Folgen bleiben.

Aus den oben erwähnten Karma-Vorträgen kann man entnehmen, dass nicht ergriffene Aufgaben und Impulse sich im physischen Leib als Krankheiten äußern. In unserer Zeit ist die Menschheit mit einigen neuen Krankheiten konfrontiert, und es wäre zu fragen, ob nicht einige der sogenannten Zivilisationskrankheiten, z.B. Aids, in Wirklichkeit mit diesem Prozess zu tun haben.

Schlussbetrachtungen

Der bisher geschilderte Prozess mit all seiner Problematik hat heute die ganze Menschheit ergriffen. Aber im Zeitalter der Bewusstseinsseele, in der der Mensch ganz auf sich gestellt ist, kann auch nur jeder für sich der nach unten führenden Spirale sich entziehen. Eine Hilfe dafür kann sein, dass sich der Einzelne bewusst macht, was er sich für diese Inkarnation vorgenommen hat und wie er als ganzer Mensch dem anderen als ganzem Menschen begegnen kann. Die Sprache in ihrer heutigen Form bietet nicht mehr selbstverständlich die Hilfsmittel dafür. Jeder muss sich die in der Sprache liegenden Möglichkeiten selbst erringen, um sich zum Ausdruck bringen zu können. Dieses Ringen kann zu einer Begegnung mit dem Sprachgeist führen. Und die Erziehung muss dazu beitragen, dem Kind den Zugang zu einer lebendigen Sprache und ihren künstlerischen Ausdrucksformen zu ermöglichen.

Aus diesem Impuls heraus kann man sich auch in neuer Weise der Sprache Rudolf Steiners zuwenden, der sein ganzes Leben lang um eine Sprache gerungen hat, die einerseits ihrem geistigen Ursprung gerecht wird und andererseits fähig ist, geistige Sachverhalte so widerzugeben, dass der aufmerksame Leser die

Schilderungen des Geistesforschers aufnehmen und verstehen kann. Wer diese Aufmerksamkeit aufbringt, schafft sich durch das Studium der Geisteswissenschaft die Möglichkeit, dem Wesen der Sprache überhaupt näher zu kommen, eine individuell-überindividuelle Ausdrucksweise zu finden und zugleich den anderen Menschen besser zu verstehen. Im Gespräch, im Finden einer gemeinsamen Basis bei aller individuellen Prägung findet die Sprache ihre Krönung.

Ein Gespräch braucht Zeit und ein aktives Zuhören. Jeder muss sich bemühen, in die Sprache seines Gegenüber so einzutauchen, dass er die Intention des Anderen erfasst. Manchmal ist nur ein Gesprächspartner imstande, diese Arbeit zu leisten; er muss sich dann dem sprachlichen Ausdruck des Partners so anverwandeln, dass er dessen Intentionen verstehen und zugleich die eigenen Intentionen vermitteln kann. Gelingt es ihm, seinem Gegenüber diesen Prozess der Annäherung transparent zu machen, handelt es sich um ein wirklich therapeutisches Gespräch. Es kann unabhängig vom direkten Inhalt geführt werden. Indem ein Mensch derartige gesundende Gespräche führt, begibt er sich, auch wenn er es nicht weiß, bereits auf den Schulungsweg. Denn allein die Tatsache, dass er versucht, als ganzer Mensch dem ganzen Menschen zu begegnen, sein eigenes Denken, Fühlen und Wollen mitzuteilen und Denken, Fühlen und Wollen des anderen in sich aufzunehmen, kann für ihn ein Ansporn sein, sich selbst auf den Weg geistiger Entwicklung zu begeben[69] und damit den wahren Zukunftsmenschen vorzubereiten.

Praktische Anregungen für den Computer-Unterricht an Waldorfschulen

Betrachtet man den Lehrplan der Waldorfschule, so bietet er eine hervorragende Grundlage zur Bildung der Fähigkeiten, die für den Umgang mit den neuen Computermedien notwendig sind. Das Ziel der Waldorfpädagogik ist die Erziehung zur Freiheit, dieses Ziel beinhaltet die Ausbildung der Persönlichkeit und die Bildung der Urteilsfähigkeit. In diesem Kapitel soll es nicht darum gehen, den gesamten Lehrplan darzustellen, sondern konkrete Anregungen für die Einführung des Computers als Unterrichtsthema zu geben.

1. bis 4. Klasse:

Angesichts der zunehmenden Anzahl von künstlichen oder künstlich vermittelten Erfahrungen kommt der Sinnesschulung eine neue Bedeutung zu. Konkrete Erfahrungen in der Welt werden immer wichtiger, daher sollten Naturbetrachtungen wirklich in der Natur durchgeführt werden. Einen Schwerpunkt bildet hierfür die dritte Klasse, die Handwerker-Epochen sollten durch möglichst viele Besuche in handwerklichen Betrieben geprägt sein, da die Kinder so den Wert realer Erfahrungen schätzen lernen.

Die Eltern sollten immer wieder darauf hingewiesen werden, wie wichtig die Begegnung mit der realen Welt für Kinder in diesem Alter ist. Derartige Hinweise sollten aber möglichst konkret sein. So wäre es wünschenswert, wenn der Klassenlehrer den Eltern konkrete Anregungen für Ausflüge in der näheren Umgebung geben würde (inklusive Hinweise auf Besichtigungsmöglichkeiten in Betrieben und Fabriken, die nicht mit dem ganzen Klassenverband wahrgenommen werden können).

Des Weiteren sollte der Klassenlehrer darauf achten, möglichst viele seiner Schilderungen an konkrete eigene Erfahrungen zu knüpfen und den Wert dieser Erfahrungen zu betonen.

4. Klasse:

In der vierten Klasse besteht die Möglichkeit, im Rahmen des rhythmischen Teils die binäre Logik einzuführen, ohne den Namen zu erwähnen. Hierfür bietet sich ein Fingerspiel an, mit dem gleichzeitig das einfache Rechnen (Addition und Subtraktion) geübt werden kann. Ausgangspunkt hierfür ist die Finger-Zählweise der Chinesen. Jeder Finger hat seinen eigenen Zahlenwert: Daumen = 1, Zeigefinger = 2, Mittelfinger = 4, Ringfinger = 8, kleiner Finger = 16. Durch diese Zählweise besteht die Möglichkeit, mit den Fingern einer Hand Zahlen bis 31 darzustellen. Jedesmal, wenn ein Finger gestreckt wird, repräsentiert er seinen Zahlenwert; werden mehrere Finger gestreckt, muß die Summe ihrer Werte errechnet werden, so wird die Zahl 11 durch den Ringfinger (8), den Zeigefinger (2) und den Daumen (1) dargestellt. Durch diese Übung wird die binäre Logik in den Willen gebracht, während gleichzeitig die Fingerfertigkeit geschult wird. Wenn die Kinder eine gewisse Leichtigkeit im Umgang mit diesem Zählsystem erworben haben, kann die zweite Hand hinzu genommen werden, wobei die Finger folgende Positionen erhalten : Daumen = 32, Zeigefinger = 64, Mittelfinger = 128, Ringfinger = 256, kleiner Finger = 512. So lassen sich mit beiden Händen die Zahlen bis 1023 darstellen.

8. Klasse :

In der achten Klasse sollen verschiedene Persönlichkeiten dargestellt werden, die durch Erfindungen die Entwicklung der Menschheit beeinflusst haben. Rudolf Steiner betonte, wie wichtig es sei, die Kinder zu einem Verständnis der Bedeutung der Dampfmaschine und des Telefons zu bringen. Dies war bei der Gründung der Waldorfschule 1919 ein sehr moderner Ansatz, am

Ende des Jahrhunderts ist es wichtig, diesen modernen Ansatz zu bewahren. Dies bedeutet aber, dass neben der Dampfmaschine, die die industrielle Revolution begründete, die Erfindung des Computers geschildert werden muss. Für jedes Kind ist der Computer als bestimmender Faktor unserer Gesellschaft erfahrbar, sei es beim Geldautomaten, als Arbeitsgerät der Eltern oder als Bestandteil des Autos. So könnte zum Beispiel Konrad Zuse erwähnt werden, der 1937 den ersten Computer mit binärer Logik, den Z1, entwickelte. Ein Leitmotiv für die Auswahl von Biographien könnte hierbei sein, den Schülern deutlich zu machen, wie neu die Computer in der Geschichte der Menschheit sind. So wäre es wichtig zu erwähnen, dass die Personal Computer (PCs) erst seit den achtziger Jahren auf dem Markt sind.

11. und 12 Klasse:

Ab der elften Klasse ist ein direkter Computer-Unterricht denkbar, entweder in Form von Epochen oder als zusätzliches Unterrichtsfach.

Für die Gestaltung des Computerunterrichts kommen folgende Ziele in Betracht:

1. Die Schüler sollen die Möglichkeit erhalten, die Prozesse, die sich in einem Computer abspielen, zu verstehen. Dazu ist es notwendig, die technischen Einzelheiten zu betrachten – was ist ein Prozessor, wie funktioniert eine Festplatte? usw. –, daneben müssen aber auch der Aufbau von Software-Programmen und die Verbindung von Hard- und Software betrachtet werden.

2. Eine Einführung in die verschiedenen Einsatzbereiche des Computers anhand beispielhafter Programme. Hierbei sind zwei Gesichtspunkte wichtig. Zum einen sollen die Schüler die Scheu vor dem Computer verlieren, zum anderen muss die Frage behandelt werden, inwieweit die einzelnen Computer-Anwendungen eine Erleichterung darstellen und zu welchem Preis. Ich möchte das letztgenannte an einem Beispiel verdeutlichen: CAD Program-

me dienen unter anderem Architekten dazu, räumliche Baupläne zu erstellen. Sie haben den Vorteil, dass sie relativ schnell erstellt werden können und sich der Kunde durch die Darstellung «bewegen» kann. Der Nachteil solcher Darstellungen ist ihre Sterilität im Vergleich zu künstlerisch gestalteten Zeichnungen.

3. Ein Schwerpunkt des gesamten Unterrichts muss die Betrachtung der sozialen Folgen der Computer sein. Wie ist das Verhältnis der zunehmenden Computerisierung zu der zunehmenden Arbeitslosigkeit? Die Gefahren der sozialen Vereinsamung und die Gefährdung der Persönlichkeitsbildung durch die Angebote des Internet (Muds und Chatrooms). Wichtig bei der Behandlung dieser Themen ist das direkte Gespräch zwischen den Schülern und dem Lehrer, in dem die Möglichkeit geboten wird, Erfahrungen auszutauschen. Ziel der Gespräche muss sein, dass die Schüler selbständig die Gefahren und Schwachstellen des Computers entdecken und erkennen.

Es ist klar, dass es sich hierbei nur um allgemeine Anregungen handeln kann. Voraussetzung für die Durchführung ist, dass sich genug Lehrer mit der Thematik auseinandersetzen und zu einer Zusammenarbeit finden. Schulen, die überlegen, einen Computer-Unterricht in der Oberstufe einzuführen, sollten bei der Wahl eines Lehrers darauf achten, dass er ein Bewusstsein für die Problematik mitbringt und bereit ist, kritisch (was nicht gleichzusetzen ist mit ablehnend) an das Thema heranzugehen.

Es wäre wünschenswert, dass alle Lehrer, die bereits Erfahrungen mit Computer-Unterricht gesammelt haben, sich zu Tagungen zusammenfinden, um eine gemeinsame Linie zu entwickeln und somit auch Schulen, die überlegen, einen Computer-Unterricht einzuführen, beraten zu können.[70]

Anmerkungen

1   Der Tastsinn wird bei der Bedienung der Tastatur benötigt, der Bewegungssinn bei der Bedienung der Maus.

2   Techno-Veranstaltung. Ursprünglich ist Rave ein amerikanisches Slangwort für eine illegale Party, z.B. in einer Lagerhalle. Heute wird jede reine Techno-Veranstaltung als Rave bezeichnet.

3   Stroboskope sind übergroße Blitzgeräte, deren Blitzfrequenz verstellbar ist. Wenn nur noch Stroboskope eingesetzt werden, erscheinen die Bewegungen der Tänzer wie aneinandergereihte Standaufnahmen.

4   Die Abkürzung DJ steht für «Disk Jockey», womit ursprünglich ein Plattenaufleger in einer Diskothek bezeichnet wird.

5   Als Literatur diente unter anderem: Falko Blask, *Techno. Eine Generation in Ekstase.* Bastei-Lübbe Tb, Sachbuch, Bergisch-Gladbach 1995.

6   Engl.: Schläge pro Minute.

7   Bezeichnung für den Ort eines Raves.

8   Speed besteht aus synthetischem Koffein und Effidrin in kristalliner Form (Pulver) und wird entweder geschnupft oder in Kapseln eingenommen.

9   Der Preis für ein Gramm Speed liegt bei etwa 45 DM, ein Gramm Kokain kostet etwa 150 DM.

10 Der Preis einer Pille liegt bei etwa 20 bis 50 DM.

11 Um den Wirkungsort eines Präparates zu ermitteln, wird es markiert (z.B. radioaktiv). Die Probanden werden dann in vorgegebenen Zeitabständen geröntgt, wobei die Substanz im Körper sichtbar wird. Bei MDMA war die Verteilung im Körper der Probanden unterschiedlich, so dass kein eindeutiger Wirkungsort festgestellt werden konnte.

12 Endogene Depressionen sind körperbedingt und können nicht ge-

heilt werden. Endogen steht für innerlich im Gegensatz zu exogen, äußerlich.

13 Mittlerweile findet die Loveparade jährlich in Berlin statt. 1995 kamen 350 000 Besucher zu dem Techno-Umzug, 1996 waren es über 700 000 und 1997 über eine Million Besucher. Die Loveparade findet am helllichten Tag statt, danach wird in mehreren Discos weiter gefeiert.

14 Flyer sind künstlerisch gestaltete «Flugblätter», Handzettel, die für Raves werben und bei Veranstaltungen verteilt werden, sie werden durch Werbung finanziert, auf manchen finden sich bis zu acht Firmenlogos.

15 Rudolf Steiner, *Erziehung und Unterricht aus Menschenerkenntnis*. Gesamtausgabe (= GA) 302a. Dornach [4]1993.

16 Abkürzung für «Young urban professionals»: Jugendliche, denen die Karriere am wichtigsten war, was sie durch ihre Kleidung und ihr allgemeines Konsumverhalten zur Schau trugen.

17 Klaus Janke / Stefan Niehues, *Echt abgedreht. Die Jugend der 90er Jahre.* C. H. Beck Verlag, München, [4]1995, S. 27.

18 Schneller Sprechgesang mit unterlegter Musik.

19 Crack wird aus Kokain hergestellt, wirkt aber wie Heroin. Der Konsument kommt in einen Totalrausch. Die Wirkung hält nur wenige Minuten an, und der «Stoff» führt schon nach dem ersten Konsum zu einer körperlichen Abhängigkeit.

20 Weitere Ausführungen zu diesem Thema finden sich in den Kapiteln «Internet, der ‹Ort› der Widersprüche» und «Der offenbar-verborgene Zusammenhang zwischen Sprache und Sexualität» im zweiten Teil des Buches.

21 Seit einigen Jahren treffen sich die deutschen Punker in verschiedenen Städten zu den sogenannten Chaos-Tagen; dabei kommt es meistens zu Ausschreitungen und zu Auseinandersetzungen mit der Polizei. Diese werden offensichtlich von beiden Seiten gewollt, denn schon die Ankündigung von Chaos-Tagen führt zu einem massiven Polizeiaufgebot, was wiederum Neugierige zum Zielort lockt.

22 Vergleiche dazu auch das Buch *Ahriman. Profil einer Weltmacht.* Mit Beiträgen verschiedener Autoren. Verlag Urachhaus, Stuttgart 1996.

23 Siehe hierzu auch Sherry Turkle, *Life on the screen.* Weidenfels &

Nicolson Verlag, London 1995. – 1998 soll das Buch auch auf deutsch erscheinen unter dem Titel *Leben im Netz. Identität im Zeichen des Internet*. Rowohlt Verlag, Reinbek.

24 Howard Gardner, *Abschied vom IQ*. Klett-Cotta Verlag, Stuttgart 1994.

25 Der Joystick ist ein Eingabegerät für den Computer, der im Gegensatz zur Maus nicht als Ganzer bewegt wird, vielmehr wird ein Symbol auf dem Bildschirm durch einen «Stab» geführt.

26 Hardware bezeichnet alle technischen Komponenten eines Computers, zum Beispiel die Festplatte oder das Diskettenlaufwerk, im Gegensatz zur Software, unter der man die Programme versteht.

27 Hierbei werden CDs als Speichermedien benutzt statt der bisher üblichen Disketten. Sie können noch nicht überschrieben werden, aber mehr Daten speichern als die herkömmlichen Speichermedien (zur Zeit bis zu 650 Megabyte).

28 Hiermit wird der Zugang zum Internet bezeichnet.

29 Dieser Begriff stammt von dem kanadischen Kommunikationswissenschaftler Marshall McLuhan, der ihn Ende der sechziger Jahre einführte.

30 Bill Gates, *Der Weg nach vorn. Die Zukunft der Informationsgesellschaft*. Hoffmann und Campe Verlag, Hamburg 1995.

31 Liste der zehn besten Spieler.

32 Engl.: verbinden.

33 Siehe Anmerkung 30, S. 301.

34 Aus *Die Weltwoche*, Nr. 8 vom 20.2.1997. Der Artikel trug die Überschrift «Der virtuellen Schildkröte geben sie eine zweite Chance».

35 Weitere Ausführungen zu diesem Thema finden sich in folgenden Büchern:
Ernst Schuberth, *Erziehung in einer Computergesellschaft. Datentechnik und die werdende Intelligenz des Menschen*. Verlag Freies Geistesleben, Stuttgart 1990;
Valdemar Setzer, *Computer in der Schule? Thesen und Argumente*. Verlag Freies Geistesleben, Stuttgart 1992.

36 Wie groß das Suchtpotential der Tamagotchis ist, zeigt sich an den «Tamagotchimüttern», Mädchen, die nicht nur ein Tamagotchi, sondern mehrere versorgen und kaum noch zu etwas anderem kommen.

Selbst die Erfinderin unterliegt ihrer Schöpfung. Während der Pressekonferenz am 10. September musste sie sich mehrmals um je eines ihrer fünf Küken kümmern, da diese keine Rücksicht auf die Journalisten nahmen und durch lautes Piepsen ihre Aufmerksamkeit forderten.

37   Rudolf Steiner, *Individuelle Geistwesen und ihr Wirken in der Seele des Menschen.* Vorträge am 18., 19. und 25. November 1917. GA 178, Dornach ²1974.

38   Vortrag am 25. November 1917. Siehe Anm. 37, S. 227f.

39   Ebenda, S. 231.

40   Ebenda, S. 219.

41   Siehe Anmerkung 30, S. 333.

42   Siehe Bill Gates, *Der Weg nach vorn* (Anmerkung 30) und den Artikel «Shared virtual worlds for Education» von J. Michael Moshell und Charles E. Hughes in der Zeitschrift *Virtual Reality Worlds,* Januar/Februar 1994.

43   Clifford Stoll, *Silicon snake oil. Second thoughts on the information highway.* – Deutsche Ausgabe: *Die Wüste Internet. Geisterfahrten auf der Datenautobahn.* S. Fischer Verlag, Frankfurt a. M. 1996. – «Snake oil» ist in Amerika ein Haarwuchsmittel, das sich gut verkauft, obwohl es nicht wirkt.

44   Zum Begriff «globales Dorf» siehe Anmerkung 29.

45   Siehe Anmerkung 23.

46   *Life on the screen.* Siehe Anm. 23, S. 13.

47   Ebenda, S.11.

48   Rudolf Steiner, *Bausteine zu einer Erkenntnis des Mysteriums von Golgatha.* Vortrag am 27. Februar 1917. GA 175, Dornach ²1982, S. 92.

49   «Was tut der Engel in unserem Astralleib?» Vortrag am 9. Oktober 1918. In: *Der Tod als Lebenswandlung.* GA 182, Dornach ²1976. – Auch als Einzelausgabe erhältlich.

50   Ebenda, S. 151.

51   Siehe das Kapitel «Internet».

52   Cursor, engl.: Läufer.

53   Demjenigen, der sich für eine detaillierte Beschreibung der Entwicklung von Programmen und Technik interessiert, empfehle ich Howard Rheingold, *Virtuelle Welten. Reisen im Cyberspace.* rororo science, Reinbek 1995.

54 Siehe das Kapitel «Computerspiele».

55 Die Abbildungen sind entnommen der Zeitschrift *Erziehungskunst*, Nr. 4/1996, S. 527 und 529.

56 Siehe hierzu Georg Kniebe, *Auf der Suche nach dem Geist im Kosmos*. Praxis Anthroposophie 52. Verlag Freies Geistesleben, Stuttgart 1997.

57 «Was tut der Engel in unserem Astralleib?» Siehe Anmerkung 49.

58 Siehe hierzu auch das Kapitel «Die Wesensglieder des Menschen» im zweiten Teil des Buches. – Eine ausführliche Schilderung der Wesensglieder findet sich unter anderem im ersten Kapitel des Buches *Theosophie* von Rudolf Steiner. GA 9, Dornach ³¹1987.

59 Rudolf Steiner, *Grundelemente der Esoterik*. Vortrag am 24. Oktober 1905. GA 93a, Dornach ²1976.

60 Weitere Ausführungen zu diesem Thema finden sich in folgenden Büchern:
    – Horst F. Wedde (Hrsg.), *CyberSpace – Virtual Reality*. Verlag Urachhaus Verlag, *Stuttgart 1997;*
    – *Heinz Buddemeier, Leben in künstlichen Welten. Cyberspace, Videoclips und das tägliche Fernsehen.* Verlag Urachhaus, Stuttgart 1993;
    – *Ahriman, Profil einer Weltmacht.* Siehe Anmerkung 22. 61 Weitere Ausführungen zu diesem Thema finden sich unter anderem in folgenden Büchern:
    – Ernst Schuberth, *Erziehung in einer Computergesellschaft*, siehe Anmerkung 35;
    – Valdemar Setzer, *Computer in der Schule*, siehe Anmerkung 35;
    – Henning Köhler, *Jugend im Zwiespalt. Eine Psychologie der Pubertät für Eltern und Erzieher.* Verlag Freies Geistesleben, Stuttgart Jubiläumsausgabe 1997;
    – Henning Köhler, *Schwierige Kinder gibt es nicht. Plädoyer für eine Umwandlung des pädagogischen Denkens.* Praxis Anthroposophie 40. Verlag Freies Geistesleben, Stuttgart 1996;
    – Albert Schmelzer, *Erziehung in apokalyptischer Zeit. Zeitsymptome, Johannes-Apokalypse und Waldorfpädagogik.* Verlag am Goetheanum, Dornach 1996.

62 Weitere Ausführungen zu diesem Thema finden sich zum Beispiel in folgenden Büchern:
    – Rudolf Treichler, *Die Entwicklung der Seele im Lebenslauf. Stufen,*

Störungen und Erkrankungen des Seelenlebens. Verlag Freies Geistesleben, Stuttgart ⁵1995;

– Gudrun Burkhard, *Das Leben in die Hand nehmen. Arbeit an der eigenen Biographie.* Praxis Anthroposophie 17, Verlag Freies Geistesleben, Stuttgart, ⁶1997.

63 Näheres hierzu findet sich bei Rudolf Steiner, *Erziehungskunst. Methodisch-Didaktisches.* Vortrag am 22. August 1919. GA 294, Dornach ⁶1990.

64 Rudolf Steiner, *Aus der Akasha-Chronik.* GA 11, Dornach ⁶1986. – Taschenbuch 616, S. 35f.

65 Rudolf Steiner, *Grundelemente der Esoterik.* Vortrag am 2. Oktober 1905. GA 93a, Dornach ²1976.

66 Eine genauere Beschreibung der geistigen Verhältnisse findet sich zum Beispiel im Vortrag Rudolf Steiners am 21. Oktober 1908, in: *Geisteswissenschaftliche Menschenkunde*, GA 107, Dornach ⁵1988.

67 Rudolf Steiner spricht sehr oft über den Zusammenhang, der zwischen den verschiedenen Erdenleben des Menschen besteht, zum Beispiel in *Die Offenbarungen des Karma*, GA 120, Dornach ⁸1992 oder in den sechs Bänden *Esoterische Betrachtungen karmischer Zusammenhänge*, GA 235 – 240.

68 Zur Frage von Triebfeder und Motiv siehe Rudolf Steiner, Die Philosophie der Freiheit, 9. Kapitel «Die Idee der Freiheit». GA 4, Dornach ¹⁶1995.

69 Siehe hierzu Heinz Zimmermann, *Sprechen, Zuhören, Verstehen in Erkenntnis- und Entscheidungsprozessen.* Praxis Anthroposophie 7, Verlag Freies Geistesleben, Stuttgart ³1992.

70 Weitere Ausführungen zu diesem Thema finden sich in den bereits genannten Büchern von Ernst Schuberth und Valdemar Setzer (siehe Anmerkung 35); ferner in Gergely / Goldmann (Hrsg.), *Mensch – Computer – Erziehung*, Böhlau Verlag, Wien 1988; sowie in St. M. Gergely, *Wie der Computer den Menschen und das Lernen verändert*, München 1986 (dieses Buch ist zur Zeit leider vergriffen). Des weiteren ist bei der Forschungsstelle beim Bund der Freien Waldorfschulen in Kassel erhältlich: M. von Mackensen (Hrsg.), *Computertechnik. Ursprünge, Wesenszüge, Gefahren.*

Literatur

Ahriman. Profil einer Weltmacht. Mit Beiträgen verschiedener Autoren. Verlag Urachhaus, Stuttgart 1996.

BLASK, FALKO / FUCHS-GAMBÖCK, MICHAEL, *Techno. Eine Generation in Ekstase.* Verlag Bastei-Lübbe, Bergisch-Gladbach 1995.

BUDDEMEIER, HEINZ, *Leben in künstlichen Welten. Cyberspace, Videoclips und das tägliche Fernsehen.* Verlag Urachhaus, Stuttgart 1993.

BURKHARD, GUDRUN, *Das Leben in die Hand nehmen. Arbeit an der eigenen Biographie.* Praxis Anthroposophie 17. Verlag Freies Geistesleben, Stuttgart ⁶1997.

Erziehungskunst, Nr. 5/1996.

GARDNER, HOWARD, *Abschied vom IQ. Die Rahmen-Theorie der vielfachen Intelligenzen.* Greif-Bücher, Klett-Cotta Verlag, Stuttgart 1994.

GATES, BILL, *Der Weg nach vorn. Die Zukunft der Informationsgesellschaft.* In Zusammenarbeit mit Nathan Myhrvold und Peter Rinearson. Hoffmann und Campe Verlag, Hamburg 1995.

GERGELY, ST. M., *Wie der Computer den Menschen und das Lernen verändert.* München 1986. (Zur Zeit vergriffen.)

GERGELY, E. / GOLDMANN, H. (Hrsg.), *Mensch, Computer, Erziehung.* Waldorfpädagogik, Beiträge zur Bildungserneuerung, Bd. 2. Böhlau Verlag, Wien 1988.

GIBSON, WILLIAM, *Neuromancer.* Wilhelm Heyne Verlag, München 1995.

HERZ, J. C., *Surfing the Internet.* Abacus, London 1996. – Deutsche Ausgabe: *Surfen auf dem Internet.* Rowohlt Verlag, Reinbek 1996.

Ders., *Joystick nation.* Little, Brown & Company, New York 1997.

JANKE, KLAUS / NIEHUES, STEFAN, *Echt abgedreht. Die Jugend der 90er Jahre.* C. H. Beck Verlag, München ⁴1995.

KNIEBE, GEORG, *Auf der Suche nach dem Geist im Kosmos.* Praxis Anthroposophie 52. Verlag Freies Geistesleben, Stuttgart 1997.

KÖHLER, HENNING, *Jugend im Zwiespalt. Eine Psychologie der Pubertät für Eltern und Erzieher.* Verlag Freies Geistesleben, Stuttgart Jubiläumsausgabe 1997.

KÖHLER, HENNING, *Schwierige Kinder gibt es nicht. Plädoyer für eine Umwandlung des pädagogischen Denkens.* Praxis Anthroposophie 40. Verlag Freies Geistesleben, Stuttgart 1996.

MACKENSEN, M. VON (Hrsg.), *Computertechnik. Ursprünge, Wesenszüge, Gefahren.* Erhältlich bei der Forschungsstelle beim Bund der Freien Waldorfschulen in Kassel.

MINSKY, MARVIN, *The society of mind.* Simon & Schuster, New York 1988.

MOSHELL, J. MICHAEL / HUGHES, CHARLES E., «Shared virtual worlds for education», in der Zeitschrift *Virtual Reality Worlds*, Januar/Februar 1994.

NEGROPONTE, NICHOLAS, *Being digital.* Coronet books, London 1996. – Deutsche Ausgabe: *Total digital. Die Welt zwischen 0 und 1 oder Die Zukunft der Kommunikation.* Goldmann Verlag, München 1997.

RHEINGOLD, HOWARD, *Virtuelle Welten. Reisen im Cyberspace.* rororo science. Reinbek 1995.

SCHMELZER, ALBERT, *Erziehung in apokalyptischer Zeit. Zeitsymptome, Johannes-Apokalypse und Waldorfpädagogik.* Verlag am Goetheanum, Dornach 1996.

SCHUBERTH, ERNST, *Erziehung in einer Computergesellschaft. Datentechnik und die werdende Intelligenz des Menschen.* Verlag Freies Geistesleben, Stuttgart 1990.

SETZER, VALDEMAR, Computer in der Schule? Thesen und Argumente. Verlag Freies Geistesleben, Stuttgart 1992.

STEINER, RUDOLF (Das Werk Rudolf Steiners erscheint innerhalb der Gesamtausgabe = GA im Rudolf Steiner Verlag, Dornach/ Schweiz):

– *Die Philosophie der Freiheit. Grundzüge einer modernen Weltanschauung – Seelische Beobachtungsresultate nach naturwissenschaftlicher Methode.* GA 4.

– *Theosophie. Einführung in übersinnliche Welterkenntnis Menschenbestimmung.* GA 9.

- *Aus der Akasha-Chronik.* GA 11.
- *Anthroposophische Leitsätze. Der Erkenntnisweg der Anthroposophie – Das Michael-Mysterium.* GA 26.
- *Die Erziehung des Kindes vom Gesichtspunkte der Geisteswissenschaft.* In: *Lucifer – Gnosis. Grundlegende Aufsätze zur Anthroposophie.* GA 34. – Auch als Taschenbuch-Einzelausgabe erhältlich.
- *Grundelemente der Esoterik.* GA 93a.
- *Ursprungsimpulse der Geisteswissenschaft. Christliche Esoterik im Lichte neuer Geisterkenntnis.* GA 96.
- *Die Theosophie des Rosenkreuzers.* GA 99.
- *Geisteswissenschaftliche Menschenkunde.* GA 107.
- *Zeitgeschichtliche Betrachtungen. Das Karma der Unwahrhaftigkeit – Zweiter Teil.* GA 174.
- *Bausteine zu einer Erkenntnis des Mysteriums von Golgatha. Kosmische und menschliche Metamorphose.* GA 175.
- *Individuelle Geistwesen und ihr Wirken in der Seele des Menschen.* GA 178.
- *Was tut der Engel in unserem Astralleib?* In: *Der Tod als Lebenswandlung.* GA 182. – Auch als Einzelausgabe erhältlich.
- *Entsprechungen zwischen Mikrokosmos und Makrokosmos. Der Mensch – eine Hieroglyphe des Weltenalls.* GA 201.
- *Esoterische Betrachtungen karmischer Zusammenhänge.* Sechs Bände. GA 235 – 240.
- *Zur Geschichte und aus den Inhalten der ersten Abteilung der Esoterischen Schule 1904 bis 1914.* GA 264.
- *Erziehungskunst. Methodisch-Didaktisches.* GA 294.
- *Erziehung und Unterricht aus Menschenerkenntnis.* GA 302a.
- *Geisteswissenschaft und Medizin.* GA 312.

STOLL, CLIFFORD, *Silicon snake oil. Second thoughts on the information highway.* Pan Books, London 1996. – Deutsche Ausgabe: *Die Wüste Internet. Geisterfahrten auf der Datenautobahn.* S. Fischer Verlag, Frankfurt a. M. ³1996.

Spiegel Spezial, Nr. 3/96: «Die multimediale Zukunft».

TREICHLER, RUDOLF, *Die Entwicklung der Seele im Lebenslauf. Stufen, Störungen und Erkrankungen des Seelenlebens.* Verlag Freies Geistesleben, Stuttgart ⁵1995.

TURKLE, SHERRY, *Life on the screen.* Weidenfels & Nicolson Verlag, London 1995. – Deutsche Ausgabe unter dem Titel *Leben im Netz. Identität in Zeiten des Internet.* Rowohlt Verlag, Reinbek 1998.

WALLACE, JAMES, *Overdrive. Bill Gates and the race to control Cyberspace.* John Wiley & Sons, New York 1997.

WEDDE, HORST F. (Hrsg.), *Cyber Space, Virtual Reality.* Fortschritt und Gefahr einer innovativen Technologie. Verlag Urachhaus, Stuttgart 1996.

ZIMMERMANN, HEINZ, *Sprechen, Zuhören, Verstehen in Erkenntnis- und Entscheidungsprozessen.* Praxis Anthroposophie 7. Verlag Freies Geistesleben, Stuttgart 4'1997.

Georg Kniebe

Auf der Suche nach dem Geist im Kosmos

Ein Streifzug durch die Science-fiction-Welt.
110 Seiten, kartoniert

Georg Kniebe schildert Science-fiction-Motive in Film und Literatur und untersucht sie auf die ihnen zu Grunde liegenden Bewusstseinsphänomene – ein interessanter Streifzug durch das Gebiet der Weltraumphantasien, bei dem sich erstaunliche Grenzvorstellungen und verborgene Sehnsüchte zeigen.

Verlag Freies Geistesleben

Valdemar Setzer

Computer
in der Schule?

Thesen und Argumente.
Aus dem Englischen
von Lothar Goecke.
112 Seiten, kartoniert

Der Computer wird – und das ganz selbstverständlich – verstärkt
in den Schulen eingesetzt. Wie könnte auch eine auf die schnelle
Datenverarbeitung orientierte Gesellschaft es sich anders wünschen, als dass die heranwachsende Generation diese neue Technologie voll beherrscht? Eine allzu frühe Heranführung der Kinder
an den Computer kann aber die Selbständigkeit und Kreativität
junger Menschen gefährden. Es muss die richtige Zeit in der Entwicklung der Schüler gewählt werden. Hier wird eine klare, sach-
kundige und engagierte Stellungnahme vorgelegt.

Verlag Freies Geistesleben

Ernst Schuberth

Erziehung in einer Computergesellschaft

*Datentechnik und die werdende
Intelligenz des Menschen.
320 Seiten, gebunden*

Wer im Erziehungsprozess die datenverarbeitenden Maschinen wegen ihrer weitreichenden menschlichen und sozialen Wirkungen verantwortlich einbeziehen will, muss Fragen wie die folgenden aufwerfen und zu beantworten versuchen: In welchem Verhältnis stehen Mensch und Computer? Welches sind die Entwicklungsgesetze des Heranwachsenden, und in welchem Verhältnis stehen dazu die Kräfte, die für eine fruchtbare Auseinandersetzung mit der Datentechnik zu fordern sind? Wie kann die Bildung des jungen Menschen einerseits seinen Entwicklungsbedürfnissen, andererseits den sozialen Forderungen nach «Computer-literacy» gerecht werden?

Die aus der Anthroposophie und Waldorfpädagogik von Ernst Schuberth entwickelten Gesichtspunkte geben die Basis ab, von der aus eine menschlich zu verantwortende Integration des Computers in Schule und Gesellschaft stattfinden kann.

Verlag Freies Geistesleben

Henning Köhler

«Schwierige Kinder»
gibt es nicht

Plädoyer für eine Umwandlung des
pädagogischen Denkes.
176 Seiten, kartoniert

Henning Köhler geht der Frage nach, ob tatsächlich davon gesprochen werden kann, dass «die Kinder immer schwieriger werden», oder ob die allgemeine Bewusstseinslage und die gesellschaftlichen Verhältnisse auf eine für Kinder unerträgliche Situation zutreiben: Wer oder was ist hier eigentlich «schwierig»? Köhler stellt gewohnte Denkschablonen in Frage und umreißt in Grundzügen einen spirituell vertieften Erziehungsbegriff, der aus der gegenwärtigen Sinnkrise herausführen könnte.

Verlag Freies Geistesleben

Henning Köhler

Jugend im Zwiespalt

Eine Psychologie der Pubertät
für Eltern und Erzieher.
236 Seiten, gebunden

Die Kluft zwischen Jugendlichen und denen, die ihnen Wegweiser sein sollten, wird immer größer. Als Erziehuungs- und Jugendberater hat Henning Köhler täglich die Not und Ratlosigkeit vor Augen, die Jugendliche und Eltern ihm vermitteln. In diesem Buch beschreibt er Krisen und Lösungswege, die zu einem neuen Verhältnis zwischen Erziehern (Eltern und Lehrer) und dem Jugendlichen führen können.

Verlag Freies Geistesleben

Gudrun Burkhard

Das Leben
in die Hand nehmen

Arbeit an der eigenen Biographie.
238 Seiten, kartoniert

Gudrun Burkhards inzwischen zum Klassiker gewordenes Buch zur Biographiearbeit entwickelt die Grundlagen für eine Beschäftigung mit der eigenen Biographie. Dabei legt sie vor allem Wert darauf, dass einem der eigene Lebenslauf wie zu einem Bild wird, auf das man von außen schauen kann. Aus dieser Distanz ergeben sich neue soziale Fähigkeiten, die in der Gegenwart immer stärker gefordert werden.

«Es ist leicht vorauszusehen, dass diese Veröffentlichung zu einem Muss für die praktisch-therapeutische, emanzipatorische Strömung innerhalb der Anthroposophie werden wird.»

Das Goetheanum

Verlag Freies Geistesleben

Rudolf Treichler

Die Entwicklung der Seele im Lebenslauf

Stufen, Störungen und Erkrankungen des Seelenlebens. 375 Seiten, Leinen mit Schutzumschlag

Rudolf Treichler hat mit diesem Werk seine Lebensarbeit vorgelegt, die er jahrzehntelang in Vorträgen, Seminaren und Aufsätzen entwickelt hat. Der gesamte Umkreis der seelischen Welt, ihrer Möglichkeiten und Kräfte, erfährt auf der Grundlage des anthroposophischen Menschenbildes eine ausführlich-konkrete Darstellung. Im Rahmen der Entwicklungsgesetze des Lebenslaufes werden die für das jeweilige Lebensalter spezifischen Formen des Seelenlebens, ihre natürlichen Anlagen sowie ihre Tendenzen zu Entgleisungen beschrieben.

«Für Erzieher, Gestalter, Architekten, Planer, schlicht für alle, die im weitesten Sinne an der Menschenbildung und an der Formung der Umwelt beteiligt sind, wird dieses Buch eine unendliche Bereicherung bedeuten. Es will nicht nur gelesen, sondern vor allem erarbeitet werden.» *Der Stil*

Verlag Freies Geistesleben

Heinz Zimmermann

Sprechen, Zuhören, Verstehen

in Erkenntnis- und Entscheidungs-
prozessen.
96 Seiten, kartoniert

«Im selbstlosen Zuhören erwächst wahres Verständnis, wird die
Begegnung mit dem anderen Ich möglich, entsteht Zukünftiges.
Das Gespräch, dergestalt als Kunst betrieben, wirkt im Sozialen
heilend.»

Verlag Freies Geistesleben